W0304195

100% DELF A2 scolaire et junior

Corrigés

von
Martina Angele
Gabrielle Bosse
Marie Cravageot
Laure Soccard

Ernst Klett Sprachen
Stuttgart

1. Auflage 1 6 5 4 3 2 | 2018 17 16 15 14

Internetadresse: www.klett.de / www.lektueren.com

Unter Mitarbeit von Maëla Le Corre

Redaktion: Sylvie Cloeren
Layoutkonzeption: Elmar Feuerbach
Gestaltung und Satz: Eva Mokhlis, Swabianmedia, Stuttgart
Umschlaggestaltung: Elmar Feuerbach
Abbildung Seite 61: Shutterstock (akiradesign), New York, NY
Druck und Bindung: AZ Druck und Datentechnik GmbH, Kempten
Printed in Germany

978-3-12-529297-0

9 783125 292970

Inhaltsverzeichnis

1 Compréhension de l'oral

EXERCICE 1

Interview

Anne	Bonjour, Monsieur. Et merci de bien vouloir répondre à mes questions !
Le journaliste	Bonjour. Tu t'appelles Anne, c'est ça ?
Anne	Oui... Alors, voilà : je dois écrire un article pour le journal de mon collège sur le métier de journaliste, justement.
Le journaliste	Pour moi, c'est le plus beau métier du monde !
Anne	Pour moi aussi. Enfin... je veux dire : je crois que c'est une profession qui me plaît beaucoup. Mais je ne connais pas tous les détails, bien sûr.
Le journaliste	La vie n'est pas toujours rose, tu sais, et tous les métiers ont leurs beaux côtés mais aussi leurs désavantages. Il faut savoir choisir.
Anne	Est-ce que vous voyagez beaucoup, pour écrire vos articles ?
Le journaliste	Oui, pas mal... mais il y a aussi du travail à mon bureau de rédaction et à la maison : ça, ça ne fait pas toujours très plaisir à ma femme !
Anne	Oh, mais je suis bon en rédaction, alors... Et puis j'adore les voyages !
Le journaliste	Même si ce n'est pas toi qui as choisi où tu vas aller ?
Anne	Ouais... c'est vrai. Mais j'aime aussi les surprises et les découvertes.
Le journaliste	Bon, alors, après le collège et le lycée, il faut aller dans une école de journalisme...
Anne	Encore une école ! Zut ! Je veux de l'action, moi !
Le journaliste	Tu vas commencer par apprendre à être patiente, Anne, sinon, tu ne peux pas être journaliste.

1. Pour Anne, être journaliste, c'est surtout...

   ☒ partir très souvent en voyage.

2. Anne sait très bien...

   ☒ écrire.

3. Pour bien réussir, le journaliste conseille à Anne d'être...

   ☒ une personne patiente.

EXERCICE 2

Émission de radio

Comment organiser son week-end ?

Juliette, c'est à vous de nous donner des idées pour le week-end !

Merci, Christophe. Alors, ce week-end, si vous ne dormez pas trop longtemps samedi et que vous êtes amateur de course à pied, vous pouvez aller à Juan les Pins pour le rendez-vous sportif de septembre. Vous devez être là-bas à huit heures et la course des familles est ouverte à tous : les enfants, les parents et les grands-parents ! À midi, faites un pique-nique ou faites de la natation, il fait encore chaud en septembre. Et l'après-midi, visitez Antibes et St. Laurent du Var. Ce sont de très belles villes et St. Laurent du Var est un paradis pour faire du shopping. Le soir, ne partez pas, cherchez un restaurant et essayez la cuisine du Sud. Attention, ne restez pas trop longtemps parce que dimanche matin, vous devez visiter l'exposition de peinture au musée Picasso à Antibes. L'après-midi, allez au cinéma, il y a un très bon film, parfait pour toute la famille Le Sud et la mer. Et voilà pour le week-end. Mais, vous ne voulez pas sortir peut-être ? Alors, restez avec nous et écoutez maintenant Gérard, notre ami sportif, qui nous explique aujourd'hui comment rester en forme et en bonne santé.

1. Dans quelle ville une famille peut faire du sport ?

   ☒ Juan les Pins.

2. De quel type de sport s'agit-il ?

   La course (à pied).

3. Pour faire du shopping, il faut aller à…

   ☒ St. Laurent du Var.

4. À Antibes, il y a la possibilité…

   ☒ d'aller au cinéma et au musée Picasso.

5. Pour les gens qui ne veulent pas sortir, la journaliste propose…

   ☒ d'écouter la radio.

EXERCICE 3

Annonce dans un magasin

Pour les soldes, le magasin Multimédias vous propose plusieurs produits en promotion. Vous avez besoin, par exemple, d'un nouvel ordinateur, pas de problèmes ! Les tablettes sont à 199 € et l'ordinateur portable Samsung est au prix exceptionnel de 539 € ! Il est temps de changer votre imprimante : la Canon coûte seulement 67 euros. Nos télés grand écran 105 cm sont au super prix de 499 €: avec l'achat d'une nouvelle télé, nous vous offrons un lecteur DVD Phillips. Pour venir à notre magasin, 18, Bd des Capucins, vous pouvez prendre le métro, ligne 8, ou le bus numéro 195. Nous sommes ouverts tous les jours de 10 h 00 à 20 h 00. Alors, à bientôt !

1. Dans ce magasin, on peut acheter…

   un lecture DVD.

❷ L'ordinateur coûte…

☒ 539 euros.

❸ La télé mesure…

☒ 105 cm.

❹ Pour l'achat d'une télé, quel est le cadeau ?

Un lecture DVD.

❺ Comment peut-on aller au magasin ?

En métro.

EXERCICE 4

Annonce à la radio

Salut tout le monde, je vous rappelle que vendredi, il y a un événement important à Lyon, la fête des voisins. Cette fête est née en France pour faire vivre la solidarité et la bonne humeur dans les quartiers de la ville entre tous ses habitants. Grâce à cette fête, venez rencontrer de nouvelles personnes, créer de nouveaux contacts et trouver de nouveaux amis. Vendredi 30 mai, c'est le quinzième anniversaire de cette fête qui a lieu dans plusieurs autres pays maintenant. Venez faire la fête avec nous et pensez à amener quelque chose à manger ou à boire, vos couverts, assiettes et verres. Pour cette occasion, l'association jeunesse du quartier vous proposera un concert gratuit sur la place de la mairie à 22 h 30.

❶ Cet événement est…

Une fête..

❷ Cet événement se passe à…

☒ Lyon.

❸ L'objectif de cet événement est de…

☒ rencontrer de nouvelles personnes.

❹ Pour cette fête, il faut emmener… *(3 réponses)*

de la nourriture, des boissons, des couverts.

❺ Depuis quand existe cette fête ?

Quinze ans.

2 Compréhension des écrits

EXERCICE 1

	Article n°
1. Julie doit faire un exposé en biologie.	F
2. Antoine veut choisir une association sportive.	C
3. Valérie cherche des idées pour son look.	D
4. Paul veut prendre des cours de dessin cet été.	A
5. Sylvain veut aller au musée.	B

EXERCICE 2

1. De quelle fête parle Pauline dans son courriel ?

   Du 1er avril.

2. Quand a lieu cette fête ?

   ☒ le lendemain.

3. Avec quoi fête-t-on le premier avril en France ?

   Un poisson en papier collé au dos d´une personne.

4. Comment va Pauline ?

   Smiley vert qui sourit.

5. Vrai ou faux ? Cochez la case correspondante (☒).

   Pauline adore faire des blagues à son frère.
   ☒ Faux.

   Pauline aime beaucoup cette tradition.
   ☒ Vrai.

EXERCICE 3

1. Quelles nationalités sont mentionnées dans le document ?

   ☒ Française, italienne et allemande.

2. Qui a des parents qui vivent séparés ?

   Olivier.

3. Qui a grandi dans une famille avec un seul parent ?

   Isabelle.

4. La seule personne qui n'est pas sportive est…

   ☒ Olivier.

EXERCICE 4

1. Ce prospectus est…

   ☒ une publicité.

2. Cette offre s'adresse…

   ☒ aux élèves.

3. L'institut offre de l'aide…

   ☒ dans toutes les matières.

4. Avant de s'inscrire dans cet institut, on doit…

   ☒ passer un test de niveau.

5. Vrai ou faux ? Cochez (☒) la case correspondante et recopiez la phrase ou la partie du texte qui justifie votre réponse.

	Vrai	Faux
À l'institut, il y a seulement des cours en groupes. **Justification :** « Des cours individuels. »		☒
L'institut est ouvert toute l'année. **Justification :** « Tous les soirs de la semaine, le week-end et pendant les vacances scolaires. »	☒	

3 Production écrite

EXERCICE 1

Hier, j'ai joué au baby-sitter avec Draco, le petit chien de ma voisine. Il est mignon, mais il veut toujours jouer avec sa balle, avec sa vieille chaussure... et avec moi ! Il joue aussi avec son assiette de croquettes, mais après il les mange. Comme il habite dans un appartement, le balcon est trop petit, alors je suis allée me promener avec lui dans le parc : il était très content et ma voisine aussi. Quelle journée formidable ! J'aime bien être avec ce petit chien !
(88 mots)

EXERCICE 2

Chère Laure,
Comment ça va ?
Aujourd'hui, je suis allée dans un centre d'orientation avec mon école. Le centre est très grand, très moche et très sale mais j'ai rencontré plusieurs personnes qui m'ont raconté leur métier et maintenant j'ai peut-être enfin une idée pour mon avenir ! Une femme m'a raconté qu'elle est pompière. J'aimerais bien aider des personnes en danger et j'aime bien le travail en équipe. Finalement, c'était une bonne idée d'y aller.
Qu'est-ce que tu en penses, tu me vois pompière ?
Bisous,
Zoé
(88 mots)

4 Production orale

1 ENTRETIEN DIRIGÉ

Bonjour, je m'appelle Madeleine, j'ai 13 ans, j'habite à Dresde avec mes parents et mon frère. Je suis élève au lycée, j'adore l´histoire et la géographie, je lis beaucoup et je préfère les romans d'histoire. Dans mon temps libre, je fais aussi du jogging, je vais souvent courir avec mon père dans le parc. Mon frère préfère danser, il est danseur professionnel, il a 18 ans. Mon père et ma mère ont un magasin de chaussures, ils travaillent beaucoup mais le week-end, nous allons toujours voir les spectacles de mon frère. Nous n´avons pas de chiens et de chats mais un poisson rouge. Il s´appelle Bulle. Son aquarium est dans ma chambre !

2 MONOLOGUE SUIVI

Vous tirez au sort 2 sujets et vous en choisissez 1. Vous vous exprimez sur le sujet. L'examinateur peut ensuite vous poser des questions pour vous aider à compléter.

Sujet 1 : Restaurant
Quand j'étais en France, je suis allé(e) au restaurant. C'était très bien ! J'étais avec mon(ma) correspondant(e) et ses parents. Nous avons mangé de la cuisine typiquement française : de la quiche, des escargots et de la crème brûlée ! C'était délicieux. En France, je préfère le pain, la baguette qui est toujours sur la table du restaurant ! Dans le restaurant, il y avait de la musique française, c'était très agréable.

Sujet 2 : Les repas à la maison
D'habitude, à la maison, je mange des choses qui sont bonnes pour la santé. C'est ma mère qui fait les menus et il y a toujours au moins cinq fruits et légumes différents par jour. Moi, j'aime bien les salades avec beaucoup de couleurs, alors, ça va. Nous ne mangeons pas de la viande tous les jours, mais aussi des œufs, du fromage et du poisson. J'adore le poisson. Et sur la table, il y a toujours une bouteille d'eau. On mange tous les repas en famille, dans la cuisine. Mon petit frère parle beaucoup, mais en général, tout le monde raconte sa journée !

3 EXERCICE EN INTERACTION

Sujet 1 : Faire les courses avec la famille d'accueil

Locuteur A (examinateur)	**Locuteur B (élève)**
– Dis-moi, j'ai besoin d'aide pour faire les courses.	
	– Je peux vous proposer mon aide !
– C'est gentil. Alors, je te propose que tu t'occupes des fruits et des légumes et moi je m'occupe du reste.	
	– Oui, pas de problème. Alors qu'est-ce que je dois prendre exactement ?
– Un kilo de tomates et des carottes.	
	– Combien de carottes exactement ?
– Tu peux prendre 500 grammes de carottes, ça suffit. Tu peux prendre aussi une salade verte.	
	– D'accord, pas de problème. Et qu'est-ce que je prends comme fruits ?
– Des bananes et des pommes.	
	– Et je prends combien de bananes et quelles pommes ?
– Pour les bananes, 2 kg et pour les pommes, des pommes rouges, ce sera très bien.	
	– J'ai tout noté, alors je m'en occupe !
– Merci, c'est gentil de ta part.	

Sujet 2 : Les professions médicales

Locuteur A (examinateur)	**Locuteur B (élève)**
	– J'ai une question. Qu'est-ce que tu apprends exactement maintenant ?
– Dans mes études de médecine, j'apprends beaucoup de choses. Mais comme spécialité, je voudrais travailler avec les enfants.	
	– Et tu dois apprendre beaucoup de choses ?
– Oui, vraiment beaucoup ! Et toi, qu'est-ce que tu veux faire comme études ?	
	– Aussi la médecine. Mais je ne sais pas quel métier je veux faire exactement.
– Tu as le temps de choisir. D'abord, ce sont des études générales !	
	– Oui, tu as raison. Est-ce que nous pouvons parler encore une fois quand je voudrai commencer mes études ?
– Mais oui, très bonne idée !	
	– Merci beaucoup pour tes conseils.

1 Compréhension de l'oral

EXERCICE 1

Annonce au supermarché

Chers clients de Bonacha, bonjour !
Aujourd'hui, vous faites vos courses mais vous pouvez aussi gagner une montre fantastique. Venez au stand des fruits frais à 18 heures et participez au concours des étiquettes organisé par les jus de fruits « Verre Exotique », les meilleurs sur le marché avec des vitamines en bouteille !
Alors, ouvrez les yeux, regardez bien les étiquettes dans notre magasin et rendez-vous dans une dizaine de minutes au stand des fruits ! À tout de suite !

1. Dans l'enregistrement, il s'agit…

   ☒ d'un jeu organisé dans le magasin.

2. À quelle heure sont attendus les clients ?

   À 6 heures.

3. L'annonce parle de…

   ☒ jus de fruits.

4. L'annonce donne le nom d'un produit et dit qu'il est…

   ☒ de très bonne qualité.

EXERCICE 2

Les goûts des jeunes

Julien	Bonjour, Sandrine.
Sandrine	Bonjour, Julien.
Julien	Je fais un sondage sur la nourriture en France. Quel est ton plat préféré ?
Sandrine	Je mange de tout. Mais j'adore le gratin dauphinois. C'est un plat du Dauphiné, une région française.
Julien	Qu'est-ce que c'est exactement ?
Sandrine	Ce sont des pommes de terre, de la crème, du sel et du poivre, de l'ail et du fromage. C'est délicieux.
Julien	Est-ce qu'il y a quelque chose que tu n'aimes pas ?
Sandrine	Ah oui, les haricots verts… C'est horrible !
Julien	Et vous deux, vous vous retrouvez souvent dans des cafés ?
Alex et Kathie	Oui, surtout le samedi, quand on a du temps.
Julien	Quelles sont vos boissons préférées ?
Kathie	Moi, je bois toujours des sodas mais, en hiver, j'aime bien les grands chocolats chauds.
Alex	Moi, je préfère les diabolos.
Julien	Vous prenez des sandwichs quelquefois ?
Alex et Kathie	Oui, entre midi et deux, la semaine.
Julien	Vous ne mangez pas à la cantine ?
Alex et Kathie	Non, pas tous les jours parce que c'est plus sympa de se retrouver avec des copains autour d'un croque-monsieur par exemple.

1 Dans ce document sonore on vous parle...

☒ de la nourriture en France.

2 Le plat préféré de Sandrine est composé de...

☒ légumes et de fromage.

3 Qu'est-ce que Kathie et Alex mangent parfois ?

Des sandwichs. / Des croque-monsieur.

EXERCICE 3

Un père explique...

Comme vous le savez, les enfants, cette année, nous allons passer les vacances de Pâques en Amérique. Alors, voilà le programme.
Nous partons de la maison en voiture en direction de l'aéroport. Là, nous laissons la voiture au parking. L'après-midi, notre avion pour New-York part vers trois heures, mais il faut déjà être à l'embarquement à deux heures. Après environ huit heures de vol, nous voilà à New-York pour trois jours. Et de là, nous avons une journée de voyage en bus pour aller à Montréal : comme ça, on voit le paysage.
Au Canada, on va louer un camping-car pour passer une semaine dans les montagnes, les forêts et les lacs du Québec. On va faire des photos super. Et en plus, nous allons faire un tour en bateau dans le Golfe du Saint-Laurent. Génial, non ?

1 Comment la famille va-t-elle se rendre à l'aéroport ?

La voiture rouge.

2 À quelle heure part l'avion ?

☒ 15 h.

3 Combien de temps dure le vol pour New-York ?

8 heures.

4 Entre New-York et Montréal, le père veut...

☒ apprécier le paysage.

5 Au Canada, la famille va surtout découvrir...

☒ la nature.

EXERCICE 4

Au restaurant

Le serveur Bonjour Mesdames ! Bonjour, Monsieur ! Une table pour trois personnes ?
La mère Oui, merci. Près de la fenêtre, s'il vous plaît.
Le serveur Mais bien sûr, Madame. Par ici, je vous en prie. Je vous apporte des couverts.
Sonia Vous avez une carte, s'il vous plaît ?
Le serveur Voilà, Mademoiselle.
[...]
Vous avez déjà choisi ?
La mère Moi, je choisis le menu du jour à 19 euros avec la soupe à l'oignon, le poisson en sauce et la crêpe au sucre. Et toi, Sonia ?
Sonia Je prends aussi le menu du jour, mais je n'aime pas le poisson... Ah, vous avez là un pâté aux champignons. C'est possible ?
Le serveur Oui, bien sûr ! Et pour vous, Monsieur ?
Le père Je vais prendre une assiette de fruits de mer et après, du poulet rôti, mais pas de dessert.
Le serveur Et comme boissons ?
La mère Une carafe d'eau, s'il vous plaît.
Le serveur Très bien, je vous apporte cela tout de suite

1. Que fait le serveur quand les clients s'installent à leur table ?

   ☒ Il va chercher les couverts.

2. Combien coûte le menu du jour ?

   19 euros.

3. En entrée, Sonia prend...

   ☒ la soupe à l'oignon.

4. Qu'est-ce que le père va manger comme plat principal ?

   Un poulet rôti.

5. À boire, la famille commande...

   ☒ de l'eau.

2 Compréhension des écrits

EXERCICE 1

	Image n° :
Quand son travail est fini, on peut s'y installer.	5
On travaille en plein air et on aime la nature.	3
On transporte des choses d'un endroit à un autre.	2
Les élèves vont souvent voir cette personne pendant la récré.	8
Avec ses conseils, on a moins mal et on ne va plus être malade.	6
On aide des jeunes personnes à apprendre des nouvelles choses.	1
On peut se préparer des sandwichs avec ce que fait cette personne.	4

EXERCICE 2

1. Quelle est la particularité de la personne dans l'interview ?

   ☒ C'est une très jeune championne sportive.

2. En quelle année est-elle devenue championne ?

   En 2011.

3. Les parents de la jeune championne viennent…

   ☒ du Canada et du Maroc.

4. Elle ne sent pas la fatigue car…

   ☒ on s'apprécie dans l'équipe.

5. Selon Tamira, une équipe peut être comme …

   ☒ une famille.

EXERCICE 3

1. Ce document est …

☒ une notice d'utilisation.

2. Vous pouvez apprendre à…

☒ copier des chansons sur un CD.

3. Pour réaliser cette action, il faut :

Un ordinateur.

4. Pour trouver les musiques que vous voulez, il faut ouvrir…

☒ un dossier.

5. Dites si les affirmations sont vraies ou fausses en cochant la bonne réponse (☒) et citez le texte.

	Vrai	Faux
On ne peut pas sélectionner ses chansons. **Justification :** « Cochez seulement les chansons que vous voulez choisir. »		☒
Les chansons sont copiées après moins de 30 secondes. **Justification :** : « Attendez quelques minutes. »		☒

3 Production écrite

EXERCICE 1

Mon amie s'appelle Isabella, elle a 13 ans. Elle a les cheveux blonds, les yeux verts. Elle est grande. Elle aime les jeans, les T-shirts et les converses. Elle adore la mode. Je la trouve super sympa, drôle et on s'amuse beaucoup. Quand j'ai un problème, elle est là pour moi. Elle a toujours du temps pour moi, elle est gentille et je l'adore. Je la connais depuis 10 ans.
(75 mots)

EXERCICE 2

Chère Maria,
Merci pour ton invitation, quelle bonne idée ! Oui, je suis très intéressé et je voudrais bien participer au projet. Tu sais déjà quand vous partez ? Je m'intéresse à l'Afrique et sa culture parce que je sais que c'est très différent de l'Allemagne. Et en plus, au Mali on parle français. Alors, je pourrais m'entraîner à parler français !
Tu me dis quand je peux m'inscrire ?
A bientôt,
Alex
(73 mots)

4 Production orale

1 ENTRETIEN DIRIGÉ

Bonjour, je m'appelle Madeleine, j'ai 13 ans, j'habite à Dresde avec mes parents et mon frère. Je suis élève au lycée, j'adore l'histoire et la géographie, je lis beaucoup et je préfère les romans d'histoire. Dans mon temps libre, je fais aussi du jogging, je vais souvent courir avec mon père dans le parc. Mon frère préfère danser, il est danseur professionnel, il a 18 ans. Mon père et ma mère ont un magasin de chaussures, ils travaillent beaucoup mais le week-end, nous allons toujours voir les spectacles de mon frère. Nous n´avons pas de chiens et de chats mais un poisson rouge. Il s´appelle Bulle. Son aquarium est dans ma chambre !

2 MONOLOGUE SUIVI

Sujet 1 : Matière préférée

Je préfère le français parce que la culture de la France m'intéresse et c'est important de parler français. J'ai français deux fois par semaine, le lundi de 13h55 à 15h25 et le jeudi matin de 9h40 à 11h10. Notre prof de français est madame Mana, elle est sévère mais je l'aime bien. En français, j'ai de bonnes notes parce que j'aime cette matière.

Sujet 2 : Témoin d'accident

J'appelle tout de suite les pompiers et la police. Si il y a des personnes blessées, il faut téléphone très vite ! Je connais ces numéros d'urgence, on les apprend à l'école. Mais malheureusement, je ne connais pas vraiment les premiers gestes d'urgence. Je voudrais faire un petit stage pour apprendre !

3 EXERCICE EN INTERACTION

Sujet 1 : Les risques dans la vie quotidienne

Locuteur A (examinateur)	Locuteur B (élève)
	– Bonjour Monsieur, pour un projet de français, je voudrais parler de la sécurité dans la rue. C'est possible ?
– Oui, bien sûr. Tu veux parler de quoi exactement ?	– Il faut parler des choses à faire et des choses à ne pas faire. Par exemple pourquoi c'est important d'attendre avant de traverser la rue.
– Oui, très bonne idée. Et tu veux faire ça quand ?	– Dans un mois. Je veux apporter des photos aussi.
– Oui, c'est bien. Alors le lundi 16 mars, tu pourras faire ton exposé.	– Merci beaucoup, c'est noté.

Sujet 2 : Les clubs

Locuteur A (examinateur)	Locuteur B (élève)
	– Bonjour Madame / Monsieur. Je suis ici pour quelques mois. Je voudrais m'inscrire à un club de la ville.
– Oui, pas de problème ! Quelles activités vous intéressent ?	– Oh, je ne sais pas ! Je crois que je suis plus sportif que créatif. Alors, un club de basket peut-être ?
– Malheureusement, nous n'avons qu'un club de foot ici.	– Ce n'est pas grave. J'aime bien le foot aussi.
– Vous voulez commencer quand ?	– Le plus vite possible !
– Alors rendez-vous samedi pour votre premier entraînement !	– Merci, à samedi !

1 Compréhension de l'oral

EXERCICE 1

On prépare une fête.

Caro Salut !
Julia Salut, Caro. C'est moi, Julia.
Caro Ah, salut Julia. Ça va ?
Julia Ça va très bien, mais écoute, j'ai un petit problème. J'ai préparé les crêpes pour ce soir et un dessert.
Caro Ah oui ! J'ai complètement oublié ! Ce soir, il y a une grande fête chez toi ! Alors, dis-moi, quel est ton problème ?
Julia J'ai invité 10 personnes à ma fête et je n'ai pas assez de couteaux pour le dîner. Est-ce que tu peux m'aider ?
Caro Mais bien sûr, pas de problème. Alors, il y a 11 personnes pour le dîner. Et tu as combien de couteaux ?
Julia J'en ai 6.
Caro Donc, je t'en apporte 5. D'accord ?
Julia C'est parfait. Merci beaucoup Julia !
Caro Et comme demain c'est mon anniversaire, je vais préparer une mousse au chocolat pour le dessert.
Julia Tu es super, Caro ! Ce dîner va être parfait. Après le dîner on va écouter de la musique techno et on va danser dans le salon.
Caro Ah, c'est une bonne idée, on va s'amuser. C'est vraiment super quand les parents ne sont pas là !
Julia Oui, c'est génial ! Caro, pardon, je dois raccrocher parce que j'ai encore beaucoup de choses à régler pour la fête de ce soir.

1 Quand vous entendez ce message, on prépare…

☒ une fête.

2 Julia a un problème avec…

☒ la vaisselle.

3 Les parents des jeunes sont…

☒ absents.

EXERCICE 2

Pauvre Arlette !

maman Pauvre Arlette. Mais qu'est-ce que tu as ma chérie ? Tu es malade ?
Arlette Oui maman. J'ai mal à la tête.
maman Laisse-moi toucher ta tête. Oh mon dieu ! Tu as de la fièvre. Voilà un thermomètre médical. Mets-le dans ta bouche. Tu as mal à la gorge ? Tu as envie de tousser ?
Arlette Oui, j'ai mal à la gorge et à la tête mais je ne tousse pas. Ça me fait très mal.
maman Tu peux bouger tes bras ? Et tes jambes ? Ça fait mal ?
Arlette Oui…
maman D'accord. Tu as aussi de la fièvre, c'est la grippe. On va aller chez le médecin pour demander une ordonnance. Je vais tout de suite l'appeler pour prendre rendez-vous. Ensuite je vais aller à la pharmacie pour acheter des médicaments contre la grippe.
Arlette Merci maman…

1 Dans cet extrait, les personnes se trouvent…

☒ à la maison.

2 La jeune fille a mal à…

☒ la tête et à la gorge.

3 La mère veut aller…

☒ chez le docteur et après à la pharmacie.

EXERCICE 3

Émission de radio

Animateur Bonjour, vous êtes sur Radio Ados pour notre thème spécial « les adolescents et leurs corps ». On sait que les jeunes filles et les garçons ont des problèmes avec leurs corps. En premier, on écoute Magali :

Magali Salut Radio Ados, j'ai 16 ans et j'ai un problème avec mes cheveux. Je n'arrive pas à les coiffer et je déteste ma couleur de cheveux !

Animateur Tes cheveux sont de quelle couleur ?

Magali Noir ! C'est beaucoup trop sombre.

Animateur Tu pourrais peut-être faire une couleur marron chocolat, c'est à la mode en ce moment.

Magali Ah oui, c'est une bonne idée ! Mais comment je fais pour les coiffer ? C'est l'horreur !

Animateur Tu peux peut-être tester une nouvelle coupe courte avant l'été. Comme ça, tu n'auras plus de problèmes pour les coiffer, qu'en penses-tu ?

Magali Pourquoi pas, ce serait la solution à tous mes problèmes. Je vais en parler à ma mère. Merci pour votre aide.

Animateur De rien, au revoir Magali.

1 Le document est…

☒ une interview.

2 On vous parle des adolescents et de…

☒ leurs corps.

3 Le problème de Magali concerne…

les cheveux.

4 Elle n'aime pas…

☒ la couleur.

5 La couleur de cheveux de Magali est noire.

6 Quelles solutions l'animateur propose-t-il à Magali? *(2 réponses)*

Se couper les cheveux, se teindre les cheveux.

7 À qui Magali veut-elle parler de la proposition de l'animateur ?

Sa mère.

EXERCICE 4

Les métiers de rêve techniques et scientifiques. Voilà trois opinions :

Jérôme Je rêve de voyager dans une fusée pour n'importe quelle planète d'où je pourrais admirer les étoiles et les galaxies. Pour moi, astronaute serait un métier de rêve. J'aimerais réparer des satellites, faire des expériences dans une station orbitale avec d'autres astronautes. Je voudrais aussi découvrir ce qu'il y a après les étoiles et les planètes. Mais je sais bien que le métier d'astronaute reste un rêve pour beaucoup de personnes.

Mariette Mon métier de rêve est de devenir photographe. Ce métier me plaît beaucoup parce que c'est à la fois un métier technique et artistique. Il fait appel à la fantaisie. En plus, les technologies modernes comme par exemple les ordinateurs me fascinent. J'aime faire de longs voyages à l'autre bout de la planète pour rencontrer d'autres personnes et raconter des histoires. Mais il existe aussi une infinité de sujets autour de nous : le plus passionnant serait de redécouvrir ce monde qui nous entoure.

Simon Je m'intéresse à un travail pratique avec des appareils et des machines ou aussi des véhicules. Peut-être que je veux devenir mécanicien ou constructeur ou électronicien ou ingénieur, je ne sais pas encore. Mais J'aime le travail pratique avec des appareils et des machines et je m'intéresse aux installations techniques. Je pourrais travailler avec du métal. Je pourrais apprendre à utiliser des machines, je pourrais surveiller des installations techniques, réparer et installer des câbles et faire des travaux de précision.

1 Jérôme rêve d'un métier pour…

☒ voyager dans l'espace.

2 Mariette préfère le métier de photographe pour…

☒ faire découvrir notre entourage.

3 Quel moyen technologique Mariette aime utiliser ?

L'ordinateur.

4 Quelle sorte de métier préfère Simon ?

Un travail pratique. / Un travail technique.

5 Que veut-il apprendre à utiliser ?

Des appareils. / Des machines.

2 Compréhension des écrits

EXERCICE 1

	Image n° :
J'aime bien un travail d'organisation.	8
Je leur téléphone en cas d'incendie.	3
J'admire le travail difficile avec les blessés.	7
Je retire souvent de l'argent au distributeur.	6
J'aime bien effectuer ce travail pour établir la justice.	5
J'y achète les timbres pour mes cartes postales et lettres.	1
J'aime bien voyager et là, on reçoit les documents nécessaires.	2

EXERCICE 2

1 Quel est le travail d'Anne-Sophie Pic ?

☒ Chef.

2 Combien de générations de la famille Pic sont déjà dans la restauration ?

3.

3 Vrai ou faux ? Cochez la case correspondante (☒) et recopiez la phrase ou la partie du texte qui justifie votre réponse.

	Vrai	Faux
La cuisine d'Anne-Sophie Pic c'est : tradition, économie et simplicité. **Justification :** « La chef définit sa cuisine en trois mots : Respect, saveur et simplicité. »		☒
Quand elle était enfant, Anne-Sophie Pic passait ses vacances en Alsace. **Justification :** « Quand elle était petite, elle allait en Alsace. »	☒	
Son arrière-grand-père a ouvert le premier restaurant Pic. **Justification :** « Son arrière-grand-mère a ouvert le premier restaurant. »		☒

4 Le métier de chef est un métier très…

☒ masculin.

5 Quelle image illustre bien son enfance ?

Le repas de famille.

EXERCICE 3

1 Les kebabs ont été étudiés par les …

☒ Anglais.

2 Qui doit avoir 1990 calories chaque jour ?

Les femmes.

3 Dans les kebabs examinés, il y a trop …

☒ d'huile.

4 Vrai ou faux ? Cochez la case correspondante (☒) et recopiez la phrase ou la partie du texte qui justifie votre réponse.

	Vrai	Faux
L'étiquette ne dit pas toujours la vérité sur ce qu'il y a dans les kebabs. **Justification :** « un sur trois des kebabs testés ne contenait pas ce qui était indiqué. »	☒	

5 Le kebab n'est pas un plat …

☒ diététique.

EXERCICE 4

1 De quel type de boisson parle ce document ?

☒ D'eau minérale gazeuse.

2 Sa caractéristique est d'être…

☒ 100 % naturelle.

3 Vrai ou faux ? Cochez la case correspondante (☒) et recopiez la phrase ou la partie du texte qui justifie votre réponse.

	Vrai	Faux
L'eau Perrier est bonne pour la santé. **Justification :** « L'eau qui guérit. » / « Elle guérit les maladies. »	☒	
Perrier est très connue dans le monde du sport. **Justification :** « Elle est bue lors des activités sportives, par exemple aux compétitions de tennis. »	☒	

4 Dans quelle ville cette boisson est-elle très populaire ?

☒ Londres.

3 Production écrite

EXERCICE 1

J'ai passé une semaine dans un centre sportif à Bayonne avec des jeunes de différents pays. J'ai rencontré Philippe de France. J'ai appris le surf avec lui : il fait du surf parce qu'il vit en Bretagne. J'ai aussi rencontré Chris, il est anglais. Julie et Léo, les deux animateurs, étaient très sympas ! La ville était très jolie, mais j'ai préféré les jours à la mer. Nous avons fait beaucoup d'activités : du tennis, du surf, du foot et du volley. C'était super, j'ai adoré !
(87 mots)

EXERCICE 2

Cher Julien,
Bravo pour ton test d'allemand ! Moi je passe le DELF demain. Je fais les écrits dans mon école et la semaine d'après, je fais l'examen oral à l'institut français. J'ai peur de ça parce qu'on va être avec des vrais Français ! Si je réussis le diplôme nous allons aller au restaurant avec ma famille. J'espère que je vais réussir parce que j'adore manger des pizzas au restaurant italien !
À bientôt !
Martina
(77 mots)

4 Production orale

1 ENTRETIEN DIRIGÉ

Bonjour, je m'appelle Madeleine, j'ai 13 ans, j'habite à Dresde avec mes parents et mon frère. Je suis élève au lycée, j'adore l'histoire et la géographie, je lis beaucoup et je préfère les romans d'histoire. Dans mon temps libre, je fais aussi du jogging, je vais souvent courir avec mon père dans le parc. Mon frère préfère danser, il est danseur professionnel, il a 18 ans. Mon père et ma mère ont un magasin de chaussures, ils travaillent beaucoup mais le week-end, nous allons toujours voir les spectacles de mon frère. Nous n'avons pas de chiens et de chats mais un poisson rouge. Il s'appelle Bulle. Son aquarium est dans ma chambre !

2 MONOLOGUE SUIVI

Sujet 1 : Plan de ville
Non, en général, je n'ai pas de problème. J'utilise toujours mon téléphone portable. Avec internet, je peux trouver le chemin très rapidement. Si je suis dans un autre pays, je n'aime pas trop demander aux passants parce que je ne comprends pas tout. Mais quand je suis avec mes parents, je reste avec eux, ils connaissent toujours le chemin !

Sujet 2 : Loisirs
Moi je préfère sortir ! Je n'aime pas les jeux à la maison comme les jeux de société ou les jeux vidéo ! Je préfère rencontrer mes copains à l'extérieur et aller au cinéma ou boire quelque chose à la terrasse d'un café. En général, quand j'ai du temps libre, je vais faire les magasins avec mes copains. Je n'achète presque rien, mais j'aime bien tout regarder. Et puis on discute ensemble, on se raconte beaucoup d'histoires. C'est mieux que l'école ou la maison parce que nous sommes tranquilles !

3 EXERCICE EN INTERACTION

Sujet 1 : Au magasin de portables

Locuteur A (examinateur)	Locuteur B (élève)
– Bonjour, vous désirez ?	– Bonjour, je voudrais acheter un ordinateur portable. Vous avez quelles marques ?
– Nous avons des Nokia, des Samsung et des Sony. Vous préférez laquelle ?	– Je n'ai besoin d'un portable que pour un mois, alors, le moins cher s'il vous plaît.
– Ce Nokia coûte 30 euros, ce Sony 50 euros et ce Samsung 100 euros.	– Combien coûte l'abonnement ?
– Avec le Nokia, vous pouvez avoir une carte à 15 euros, avec le Sony c'est un abonnement pour 6 mois et avec le Samsung vous pouvez avoir une carte à 30 euros.	– Combien d'heures je peux téléphoner avec la carte à 15 euros ?
– Vous avez une heure de communication mais les SMS ne sont pas limités.	– Super ! Et vous avez quelle couleur pour ce Nokia ?
– Vert, orange, gris et noir.	– Alors, je prends le orange s'il vous plaît.
– Parfait. Voilà ! Au revoir et bonne journée.	– Merci, à vous aussi. Au revoir.

Sujet 2 : Vacances à la mer

Locuteur A (examinateur)	Locuteur B (élève)
	– Qu'est-ce que tu veux faire pour les vacances d'été ?
– Moi, je préfère aller à la plage et m'amuser dans l'eau !	– Oui, c'est une bonne idée. Tu aimes jouer au ballon ?
– Oui, il faut prendre un ballon alors ! Qu'est-ce qu'on prend dans notre valise ?	– Alors, moi j'ai un ballon. Je peux le prendre avec moi. Il faut penser au maillot de bain et aux lunettes de soleil aussi !
– D'accord. Et est-ce qu'on prend des serviettes ?	– Non, il y a déjà des serviettes sur place. Tu peux prendre des cartes pour jouer le soir ?
– Oui, j'ai ça à la maison. Alors, c'est tout ?	– Oui, il manque encore les habits et les produits de toilette, c'est tout.
– Super !	

1 Compréhension de l'oral

EXERCICE 1

Emma On ne peut pas passer par là, Antoine : regarde, les poubelles débordent sur le trottoir! Quelle horreur !

Antoine C'est comme ça, la vie moderne, ma vieille : il y a trop d'ordures et personne ne sait où les mettre...

Emma Ce n'est pas vrai : dans nos poubelles, la moitié des déchets organiques peuvent être recyclés sous forme de compost. Ça fait 70 kilos d'ordures ménagères en moins par an et par habitant.

Antoine Tu es trop idéaliste, Emma. C'est beaucoup trop compliqué pour les gens.

Emma Pas du tout. On peut composter, par exemple, les fleurs mortes et les plantes du jardin et, après le repas, les épluchures de légumes, les feuilles et les sachets de thé, les coquilles d'œufs cassées, etc.

Antoine Ouais... On peut aussi choisir les produits vendus au poids qui ont peu d'emballage, comme les fruits et légumes au détail.

Emma Voilà. De même, un paquet de riz d'un kilo a moins d'emballage que deux paquets de 500 grammes : 25 % de moins !

Antoine Et n'oublie pas ton sac à provisions pour faire les courses, parce que les sacs de caisse sont utilisés pendant seulement 20 minutes en moyenne. ((rires))

Emma Tu vois, c'est facile de trouver des bonnes solutions pour réduire ses déchets.

1. Le compostage permet d'avoir combien d'ordures ménagères en moins ?

   ☒ 70 kilos par personne chaque année.

2. Dans le dialogue, Emma propose de mettre au compost...

   le sachet de thé.

3. Acheter un kilo de riz au lieu de 2 paquets de 500 grammes réduit l'emballage de...

   ☒ 25 %.

4. Très souvent, les sacs de caisse sont...

   ☒ jetés quand on arrive à la maison.

EXERCICE 2

Flash info : Beaucoup de jeunes s'engagent dans des associations. Par exemple, Max, 14 ans, joue au foot avec les enfants de son quartier tous les samedis matin. Hélène, 16 ans, va voir une vieille dame à l'hôpital le dimanche : elle parle avec elle, lui fait la lecture ou se promène avec elle dans le parc. Emmanuel, 15 ans, aide son voisin de 72 ans. Il va lui faire quelques courses, sort son chien ou lui monte le courrier. Alors, engagez-vous aussi!

1. Le thème de ce flash info est...

   ☒ la solidarité des jeunes.

2 Que fait Max avec les jeunes de son quartier ?

Jouer au football.

3 Où va Hélène le dimanche ?

À l'hôpital.

4 Que fait Emmanuel ?

☒ Promener son chien.

EXERCICE 3

Le VTT (vélo tout-terrain)

Ce sport est né à la fin des années 70 aux Etats-Unis. Trois Américains ont inventé le premier VTT, appelé mountain bike. VTT, c'est le nom du sport et aussi du vélo spécial qu'on utilise pour ce sport.
Avec toutes ses vitesses et avec ses grandes roues, le VTT est pratiqué partout. C'est pourquoi on l'appelle, en français le vélo tout-terrain. C'est un sport pour ceux qui aiment les aventures et qui aiment découvrir la nature : les forêts, les montagnes. Mais il y a aussi le VTT de ville. Il a par exemple un porte-bagages. On traverse la ville plus vite qu'en voiture. Il y a même des policiers dans les grandes villes qui suivent les voleurs en le VTT.
Le VTT est aussi un sport olympique. Il y a trois disciplines : le cross-country, la descente et le trial.

1 Quel est le pays où on a inventé le VTT ?

☒ Les États-Unis.

2 On parle d'un VTT qu'on peut utiliser en ville. Quel est son nom ?

Le VTT de ville.

3 Il y a des villes américaines où le VTT est utilisé par…

☒ la police.

4 La version pour la ville a comme spécificité…

☒ un porte-bagages.

5 Le VTT est aussi un sport…

☒ olympique.

EXERCICE 4

Apprentie informaticienne. Voilà une interview avec Caroline, 21 ans, qui a fini son apprentissage comme informaticienne.

journaliste Bonjour Caroline, dis-nous, comment as-tu eu l'idée de devenir informaticienne, c'est un métier technique, non ?

Caroline Après deux ans de collège j'ai décidé de commencer un apprentissage. Je ne m'intéresse pas aux métiers typiquement féminins. J'ai donc choisi l'informatique qui offre beaucoup de possibilités. Le choix n'a pas été difficile, car depuis toute petite je m'intéressais à la technique. Mon père est ingénieur en électronique. Je connais son travail depuis longtemps.

journaliste Que fait-on comme apprenti informaticien ?

Caroline Le travail est très diversifié. Mais tout dépend de l'entreprise dans laquelle l'apprenti(e) travaille. Pendant mon apprentissage, j'ai surtout fait de l'installation de réseau. J'ai aussi fait un peu de programmation et de développement. C'est un travail intéressant.

journaliste Tu as déjà terminé ton apprentissage. Comment vois-tu ton avenir, quels sont tes projets ?

Caro Actuellement, je continue ma formation pour faire un examen technique qui me permettra d'entrer dans une école supérieure. J'aimerais ensuite devenir ingénieure en informatique.

1. Quel est le domaine professionnel de Caroline ?

   ☒ L'informatique.

2. Quelle personne a influencé son choix professionnel ?

   Son père.

3. Le travail de Caroline change selon…

   ☒ l'entreprise.

4. Pour pouvoir entrer dans une école supérieure, elle veut continuer…

   ☒ sa formation pour passer un examen technique.

5. Plus tard, elle veut devenir…

   ☒ ingénieur.

2 Compréhension des écrits

EXERCICE 1

	Image n° :
Après le footing, j'ai souvent mal…	5
Quand mon sac-à-dos est trop lourd, j'ai mal…	4
Quand je prépare des sandwichs, je me coupe et j'ai mal…	2
Quand je ne porte pas de chaussures, je me pique et j'ai mal…	7
Quand je tombe par terre pendant un match de volley, j'ai mal…	8
Quand je prépare une interro, il faut beaucoup apprendre. J'ai mal…	1
Quand il fait froid et je ne porte pas d'écharpe, j'ai mal…	6

EXERCICE 2

1. De quelle sorte de texte s'agit-il ?

   ☒ D'un texte informatif sur la police.

2. Vrai ou faux : Cochez la case correspondante (☒) et recopiez la phrase ou la partie du texte qui justifie votre réponse.

	Vrai	Faux
La police s'occupe seulement des victimes. **Justification :** « Elle aide tous les citoyens. »		☒
Même si la police en France a différentes fonctions, elle n'a qu'un seul nom. **Justification :** « Il y a plusieurs fonctions et de différents noms. » / « la Police Nationale, la Gendarmerie Nationale (La Police Municipale) »		☒

3. La Police Nationale est responsable de la protection…

   ☒ des personnes.

EXERCICE 3

1 Le document parle d'un club de…

☒ fitness.

2 Vrai ou faux ? Cochez la case correspondante (☒) et recopiez la phrase ou la partie du texte qui justifie votre réponse.

	Vrai	Faux
Le travail à l'École-club propose une atmosphère sympa. **Justification :** « Il y a une bonne ambiance. »		☒
L'école veut faire attention aux besoins des clients. **Justification :** « L'école veut contenter les clients » / « chercher des solutions pour contenter les clients. »		☒
Il n'y a jamais de nouveautés à l'École-club. **Justification :** « Chaque rentrée offre des nouveautés. »		☒

3 Quand on travaille à l'École-club on gagne de la responsabilité et…

☒ de l'expérience.

4 L'école-club offre des nouveautés chaque début…

☒ d'année.

EXERCICE 4

1 Ce document est…

☒ une publicité.

2 Quelles compétences entraîne-t-on à l'institut ? *(2 réponses possibles)*

L'homme qui parle et l'homme qui écrit.

3 Dites si les affirmations sont vraies ou fausses en cochant la bonne réponse (☒) et citez le texte.

	Vrai	Faux
Cette offre est aussi pour les adultes. **Justification :** « Enfants de 5 à 9 ans, élèves. »		☒
Quand on prend des cours, on doit payer en plus l'inscription à la bibliothèque. **Justification :** « Vous avez aussi accès gratuitement à la bibliothèque. »		☒
Avant de s'inscrire à un cours, il faut tester vos connaissances de français. **Justification :** « Pour connaître votre niveau, nous vous faisons passer un test. »	☒	

3 Production écrite

EXERCICE 1

Pendant deux semaines, j'ai fait un stage à l'aéroport de Marseille. J'étais à l'accueil des passagers et c'était très intéressant. J'ai appris comment parler aux clients. Ils sont souvent pressés, stressés, et il faut rester calme pour les aider. Alors on donne des renseignements mais aussi des conseils. Ce travail m'a plu mais c'était très fatigant. Il faut un peu d'entraînement, mais je peux imaginer faire ce travail un jour.
(70 mots)

EXERCICE 2

Cher Nicolas,
C'est une super idée l'album sur la Bretagne. Pour l'album sur Paris, sur chaque page j'ai mis une photo et j'ai écrit une ou deux phrases sous la photo. Tu as vu le Mont-Saint Michel ? Alors, prends la photo et écris : C'est un monument très intéressant et joli. Il y a beaucoup de visiteurs chaque année.
Si tu veux on peut aussi faire l'album ensemble. Ecris-moi vite et si tu veux je peux te rendre visite.
Bonne chance !
(83 mots)

4 Production orale

1 ENTRETIEN DIRIGÉ

Bonjour, je m'appelle Madeleine, j'ai 13 ans, j'habite à Dresde avec mes parents et mon frère. Je suis élève au lycée, j'adore l'histoire et la géographie, je lis beaucoup et je préfère les romans d'histoire. Dans mon temps libre, je fais aussi du jogging, je vais souvent courir avec mon père dans le parc. Mon frère préfère danser, il est danseur professionnel, il a 18 ans. Mon père et ma mère ont un magasin de chaussures, ils travaillent beaucoup mais le week-end, nous allons toujours voir les spectacles de mon frère. Nous n'avons pas de chiens et de chats mais un poisson rouge. Il s'appelle Bulle. Son aquarium est dans ma chambre !

2 MONOLOGUE SUIVI

Sujet 1 : Mauvaise nouvelle
Hier, je me suis disputée avec mon ami(e). Il(Elle) était en colère parce que j'ai oublié son anniversaire. Je n'oublie jamais un anniversaire normalement mais hier j'étais très malade. Je ne suis pas allé(e) à l'école et je n'ai pas fait attention à la date. Je suis arrivée à l'école ce matin et il(elle) ne m'a pas parlé(e). Je ne savais pas pourquoi et j'étais très triste. Un(e) autre ami(e) m'a expliqué alors je suis allée m'excuser. Heureusement, elle a compris !

Sujet 2 : Ma famille et le sport
Avec ma famille, nous faisons souvent des tours de vélo. C'est très sympa ! Nous allons par exemple au bord du Rhin et nous faisons un grand tour toute la journée. Le midi, nous faisons une pause pour manger quelque chose. Mon père n'est pas dans un club mais ma mère fait de la danse moderne. Et ma sœur fait de l'équitation. Moi je n'aime pas ça ! En général, je passe beaucoup de temps avec ma famille et sur le vélo, nous pouvons parler.

3 EXERCICE EN INTERACTION

Sujet 1 : Interrogation

Locuteur A (examinateur)	Locuteur B (élève)
– Oui, bien sûr, c'est à quel sujet ?	– Bonjour madame/monsieur, je peux vous parler un moment, s'il vous plaît ?
– Ah oui, c'est vrai et c'est un problème parce qu'il te manque une note.	– C'est sur la dernière interrogation. Vous savez, j'étais malade et je n'ai pas pu l'écrire avec le reste de la classe.
– Cette semaine, ça va être difficile, mais la semaine prochaine, c'est possible !	– Je sais et j'aimerais bien l'écrire. Est-ce que c'est possible cette semaine ?
– J'ai du temps mercredi après-midi ou vendredi matin. Qu'est-ce que tu préfères ?	– Vous êtes libre quel jour la semaine prochaine ?
– Très bien, alors, on se retrouve vendredi matin devant la salle des professeurs.	– Vendredi matin, c'est mieux, comme ça, je suis plus concentré que l'après-midi.
– Au revoir.	– Merci, à vendredi. Au revoir.

Sujet 2 : À la librairie

Locuteur A (examinateur)	Locuteur B (élève)
– Bonjour, est-ce que je peux vous aider ?	– Bonjour. oui, je cherche un livre facile à lire pendant les vacances.
– Vous aimez quoi comme livres ?	– J'adore les BD.
– J'ai une BD très intéressante sur l'histoire de deux jeunes garçons juifs pendant la Seconde Guerre mondiale en France, ça vous intéresse ?	– Oui, j'aime bien les livres historiques. La BD n'est pas trop difficile à lire ?
– Non.	– Combien elle coûte ?
– Elle coûte 15 euros.	– Merci beaucoup et bonne journée. Au revoir.
– De rien, à vous aussi. Au revoir.	

1 Compréhension de l'oral

EXERCICE 1

Au bureau des objets trouvés

employé Bonjour, madame. Je peux vous aider ?
Marine Bonjour, monsieur. J'ai perdu mon porte-monnaie. En fait, je l'ai laissé dans le train ce matin. Le train de Nantes de 10 heures.
employé Il est comment, votre porte-monnaie ?
Marine Pas très grand, deux couleurs, noir et rouge, en… je ne sais pas comment ça s'appelle, c'est léger, ça ressemble à du tissu.
employé Oui, je vois. Il y a votre nom dessus ?
Marine Je ne me souviens plus.
employé Bon, attendez, je vais voir.
… Voilà, j'ai ce porte-monnaie.
Marine Ah oui, c'est le mien. J'avais des documents très importants dedans. Je peux vérifier ?
employé Oui, je vous en prie. Alors… ? Il y a toutes vos affaires ?
Marine Euh… ma carte d'assuré, mon argent, mes cartes de visite, oui, mais je ne vois pas ma carte d'identité. Oh là là ! Comment je vais faire ?
employé Bon, vous allez passer au commissariat pour faire une déclaration. Ne vous en faites pas, mademoiselle, ils sont quelque part, ces documents et, en attendant, je vais vous demander de signer ici, s'il vous plaît. Voilà, merci.
Marine Merci, monsieur.
employé Au revoir, madame, bonne chance !

1. Qu'est-ce qui a été perdu ?

   ☒ Un porte-monnaie.

2. Dans le porte-monnaie, il manque…

   ☒ la carte d'identité.

3. Que souhaite l'employé à Marine ?

   ☒ Bonne chance.

EXERCICE 2

Émission de radio

Bienvenue dans notre émission. Le thème du jour : Une famille, qu'est-ce que c'est ? Les familles ont beaucoup changé. Bien sûr, le modèle traditionnel – papa, maman, enfants – existe toujours, mais il y a aussi beaucoup d'autres modèles qui montrent le changement dans notre société.
Voilà 4 modèles de famille :

La famille monoparentale Dans cette famille, le père ou la mère est seul(e) avec un ou plusieurs enfants. Cette personne peut être divorcée, veuve ou célibataire. Pour la mère ou le père, il est quelquefois difficile de trouver assez de temps pour la famille et le travail.
Les célibataires Ce n'est pas un modèle de famille, au sens traditionnel. Mais aujourd'hui, il y a de plus en plus de personnes qui ne sont pas mariées.

L'union libre Ce sont les couples qui ne sont pas mariés. Ces couples vivent avec ou sans enfants.
La famille regroupée C'est une famille très complexe. Elle se forme souvent après un divorce. C'est par exemple un couple avec un ou plusieurs enfant(s) de la mère, du père et un ou plusieurs enfant(s) en commun.

1. Dans cet extrait il s'agit de présenter la famille selon…

   ☒ les différentes définitions.

2. Si une personne vit seule avec des enfants, elle peut manquer…

   ☒ de temps pour la famille.

3. Les familles d'aujourd'hui ont beaucoup…

   ☒ changé.

EXERCICE 3

Conversation dans un magasin

Vendeur Bonjour, madame, est-ce que je peux vous aider ?
Cliente Bonjour, monsieur ! Oui, je recherche un lit.
Vendeur Quelle taille de lit est-ce que désirez ?
Cliente Oh, un grand lit de 180 cm. Pas trop dur, ni trop mou, mais confortable.
Vendeur Quel est votre prix idéal ?
Cliente Pas trop cher, peut-être 600 euros.
Vendeur À quelle adresse voulez-vous le faire livrer ?
Cliente 15, rue Pierre Maréchal.
Vendeur À quelle date ?
Cliente Samedi 4 février, dans la matinée, ce serait super.
Vendeur Très bien, alors, ça fait 650 euros.
Cliente Merci, monsieur ! Au revoir.
Vendeur Au revoir, madame et bonne journée.

Lisez les questions.

1. Qu'est-ce qu'on vend dans ce magasin ?

   Le lit.

2. Quelle taille le lit doit faire ?

   ☒ 1,80 m.

3. Quelle qualité doit avoir le lit ?

   ☒ Confortable.

4. Combien coûte le lit ?

   650 euros.

5 À quelle adresse la cliente habite-t-elle ?

☒ 15, rue Maréchal.

6 À quel moment de la journée la cliente va-t-elle recevoir le lit ?

☒ Le matin.

EXERCICE 4

Conversation entre deux élèves à la récréation

Lucie	Salut, Patrick, t'es en quelle classe cette année ?
Patrick	Salut, Lucie, je suis en cinquième A. Et toi ?
Lucie	En cinquième B, t'as qui comme prof principal ?
Patrick	Mme Grimbert, c'est la prof de français. Elle nous donne trop de devoirs.
Lucie	Moi, j'ai M. Béjot : il est super cool !
Patrick	T'as cours tous les jours l'après-midi ?
Lucie	Non, seulement le lundi, le mardi et le vendredi. J'ai de la chance. Et toi ?
Patrick	Moi, j'ai moins de chance. J'ai cours presque tous les jours l'après-midi, sauf le mercredi.
Lucie	Tu t'es inscrit dans un club, cette année ? Moi, je vais au badminton.
Patrick	Ouais, je suis dans le club informatique, j'adore les ordinateurs, c'est facile pour moi !
Lucie	Et maintenant, t'as cours ? Moi, je vais au CDI préparer un exposé en géographie.
Patrick	Je dois travailler pour mon test d'anglais. Salut !
Lucie	Bonne chance pour ton test et à plus !

1 Où pouvez-vous entendre cette conversation ?

Dans la classe.

2 En quelle classe est Lucie ?

☒ En cinquième A. B

3 Quels jours Lucie a-t-elle cours l'après-midi ? *(3 réponses)*

☒ Lundi.
☒ Mardi.
☒ Vendredi.

4 Dans quel club Lucie s'est-elle inscrite ?

Au badminton.

5 Quel est le loisir préféré de Patrick ?

L'informatique.

6 Où va Lucie après la discussion ?

Lire un livre.

2 Compréhension des écrits

EXERCICE 1

	Image n° :
J'aime nettoyer, soigner et nourrir les animaux.	6
J'adore le travail pédagogique et les enfants.	1
J'aime bien le service dans les chambres et au restaurant.	2
J'aime les bâtiments, les travaux publics et les métiers du bois.	7
Je m'intéresse au domaine médical et j'aime le contact avec les patients.	8
Je préfère le travail fin, précis et artistique pour fabriquer des meubles.	3
Pour moi, le travail avec les carrosseries et la peinture des véhicules est super.	4

EXERCICE 2

1 Vrai ou faux ? Cochez la case correspondante (☒) et recopiez la phrase ou la partie du texte qui justifie votre réponse.

	Vrai	Faux
Dans ce cours, les élèves ne font que de la théorie. **Justification :** « Mais on apprend aussi à être critique, juste et tolérant et à identifier le racisme et le sexisme. »		☒
Les représentants de la classe peuvent proposer des lois. **Justification :** « Ils règlent les problèmes entre les élèves mais aussi entre les élèves et les professeurs ou l´administration. »	☒	
Il y a des cours d'éducation civique en France, au Québec et en Irlande. **Justification :** « La France n´est pas le seul pays à proposer un cours comme celui-ci. Il y en a aussi en Irlande et au Québec ! »	☒	

2 Quelles notions étudie-t-on en éducation civique ? *(2 réponses)*

Liberté, égalité, fraternité et vote.

3 La classe doit être organisée comme…

☒ une démocratie.

❹ Quand est-ce que les représentants de la classe sont élus ?

En début d´année.

❺ Le mot « citoyen » vient...

☒ du latin.

EXERCICE 3

❶ De quoi parle ce texte ?

☒ De l'aide alimentaire solidaire pour les pauvres.

❷ Vrai ou faux ? Cochez la case correspondante (☒) et recopiez la phrase ou la partie du texte qui justifie votre réponse.

	Vrai	Faux
C'est un homme politique qui a inventé cette organisation. **Justification :** « Coluche, un artiste comique. »		☒
Les repas coûtent seulement quelques euros. **Justification :** « Ils offrent des repas gratuits. »		☒

❸ Les Restos du Cœur aident aussi les gens pour trouver...

☒ du travail et un logement.

EXERCICE 4

❶ Quelle région de France a déjà connu un incendie catastrophique ?

☒ Les Landes.

❷ Vrai ou faux ? Cochez la case correspondante (☒) et recopiez la phrase ou la partie du texte qui justifie votre réponse.

	Vrai	Faux
Les forêts ne sont pas assez bien surveillées. **Justification :** « Il faut [être très prudent :] mettre en place du personnel de surveillance. »	☒	

❸ Qui est en général à l'origine des feux de forêt ?

☒ Les hommes.

❹ Quels moyens utilisés contre les incendies sont indiqués dans le texte ? *(2 réponses)*

Les pompiers, l´hélicoptère.

3 Production écrite

EXERCICE 1

Je suis allé(e) au nouveau cinéma de ma ville. Une place coûte huit euros. Il est ouvert le week-end et il y a deux salles. J'ai vu un film comique qui s'appelle "X". J'ai beaucoup ri parce que le film était très drôle. J'aime les comédies ! J'adore aller au cinéma avec mes copains le week-end ou avec mes parents pendant les vacances. Alors, allez au nouveau cinéma, il est génial !
(78 mots)

EXERCICE 2

Chère Mylène,
Merci pour ton invitation, je serai là. Est-ce que je peux t'aider à préparer quelque chose pour la fête? Je peux venir plus tôt, si tu veux. Je vais emmener une bouteille de jus d'orange, tu préfères que j'emmène une pizza ou un gâteau au chocolat? Si tu veux, je peux aussi emmener de la musique, j'ai beaucoup de CD.
Alors, à vendredi,
Léa
(67 mots)

4 Production orale

1 ENTRETIEN DIRIGÉ

Bonjour, je m'appelle Madeleine, j'ai 13 ans, j'habite à Dresde avec mes parents et mon frère. Je suis élève au lycée, j'adore l´histoire et la géographie, je lis beaucoup et je préfère les romans d'histoire. Dans mon temps libre, je fais aussi du jogging, je vais souvent courir avec mon père dans le parc. Mon frère préfère danser, il est danseur professionnel, il a 18 ans. Mon père et ma mère ont un magasin de chaussures, ils travaillent beaucoup mais le week-end, nous allons toujours voir les spectacles de mon frère. Nous n´avons pas de chiens et de chats mais un poisson rouge. Il s´appelle Bulle. Son aquarium est dans ma chambre !

2 MONOLOGUE SUIVI

Sujet 1 : Sport
Oui, le sport est très important pour moi. Je fais du sport presque chaque jour : à l'école et dans mon club de natation. Je fais aussi des compétitions le week-end. Cette année, je vais participer aux championnats régionaux ! Moi je préfère les sports individuels. Mais certains sports d'équipe comme le volley, j'aime bien aussi.
Je préfère le sport dans un club parce que les gens sont plus motivés. A l'école, il y a toujours des élèves qui n'ont pas envie de le faire et c'est dommage. Un jour, je voudrai faire du karaté ! C'est mon rêve !

Sujet 2 : Voyages
J'ai déjà visité l'Italie et l'Espagne. Ces pays sont très jolis ! J'adore la cuisine italienne et les tapas espagnols. Nous allons toujours en voiture en vacances avec mes parents. Mais je voudrais bien prendre l'avion, comme ça, le voyage est plus rapide ! Mon rêve, c'est de visiter les Etats-Unis. Je voudrais voyager là pendant plusieurs semaines et découvrir beaucoup de villes. Je pense que la nature est magnifique dans ce pays.

3 EXERCICE EN INTERACTION

Sujet 1 : Au restaurant

Locuteur A (élève)	**Locuteur B (examinateur)**
– Pardon, Monsieur, qu'est-ce que c'est, aujourd'hui, la « pâtisserie du jour » ?	
	– Aujourd'hui, Madame / Monsieur, c'est une tarte aux pommes.
– Ah ? Moi, je préfère les gâteaux à la crème... Et le fruit, c'est aussi une pomme, aujourd'hui ?	
	– Non, Madame / Monsieur, c'est une banane ou une orange. Au choix.
– Alors, je vais prendre la « crème brûlée ».	
	– Bien, Madame / Monsieur. Et comme entrée ?
– Euh... C'est quel fromage, dans la crêpe ?	
	– C'est du Roquefort, Madame / Monsieur, avec des noix.
– Mouais... Et la sauce vinaigrette, elle va avec quels légumes, s'il vous plaît ?	
	– Il y a plusieurs légumes froids, Madame / Monsieur : des carottes, des tomates, du céleri... Mais vous allez choisir la soupe de tomates, bien sûr ?
– Ah, non, je déteste les tomates. Je prends la crêpe. Et puis... Le « poulet garni », il est avec quoi ?	
	– Avec des frites ou des haricots verts, comme vous voulez, Mademoiselle / Monsieur.
– Bon. Alors, je choisis le poulet. Merci beaucoup, Monsieur.	
	– À votre service, Madame / Monsieur !

Sujet 2 : Faire les courses

Locuteur A (examinateur)	**Locuteur B (élève)**
– Je voudrais vous proposer de faire les courses demain. Vous avez beaucoup de travail, alors je peux vous aider !	
	– Oui, c'est très gentil. Alors, on va faire la liste de courses ensemble. Tu veux écrire ?
– Oui, j'écoute, c'est parti !	
	– Alors, un kilo de tomates et 7 pommes. Il faut aussi un pot de moutarde.
– Il y a une seule sorte de moutarde ?	
	– Non, effectivement, tu prends la moutarde forte de Dijon. Il faut aussi du Comté.
– Qu'est-ce que c'est ?	
	– C'est du fromage. Comme le gruyère ou le parmesan.
– Ah d'accord !	
	– Voilà, c'est tout. Je te donne de l'argent et tu peux faire ces quelques courses ?
– Oui, pas de problème !	
	– Merci, c'est très gentil !

1 Compréhension de l'oral

EXERCICE 1

Où préférez-vous manger ? Voilà trois opinions :

Édouard, Poissy Si je dois manger à l'extérieur, je prends quelque chose à emporter ! Pourquoi ? Parce qu'on peut manger pour quelques euros, tout simplement. Au restaurant, les prix sont plus élevés. Je suis d'accord que les repas et la nourriture sont meilleurs pour la santé au restaurant, mais de temps en temps, ça ne fait pas de mal d'aller manger des hamburgers ou des pizzas. Mais bon, le meilleur des restaurants, c'est sûr, c'est la maison.

Amélie, Nantes Les services de restauration rapide, c'est sympa, mais seulement si on a une petite faim et si on est pressé. En effet, ce n'est pas pour un repas complet. En plus, maintenant, c'est presque le même prix qu'au restaurant. Alors, pourquoi ne pas s'assoir à une table tranquillement ? En plus, vous recevez votre nourriture dans une assiette et non pas dans un carton. De la nourriture fraîche, c'est mieux, vous ne trouvez pas ?

Gabrielle, Antibes Moi, je préfère le restaurant car on y mange bien, pas comme dans les chaînes de service rapide où on vous sert un plat ou un sandwich pas toujours très chaud. Au restaurant, on y va plutôt avec ses parents, quand on fête un anniversaire. On a le temps de manger tranquillement on n'est pas pressé. Mais manger des plats à emporter a quand même ses avantages : Ce n'est pas cher et on le fait souvent avec ses copains. Mais le mieux, c'est quand même à la maison, on peut préparer ce qu'on veut.

1. Édouard préfère les plats à emporter pour des raisons...

   ☒ économiques.

2. D'après Edouard, quel est le meilleur des restaurants ?

   La maison.

3. Amélie apprécie les services de restauration rapide seulement si...

   ☒ elle n'a pas trop de temps.

4. Qu'est-ce que Gabrielle apprécie particulièrement au restaurant ?

   ☒ La qualité de la nourriture.

EXERCICE 2

L'amitié, pour toi, c'est important ? Tu as beaucoup d'ami(e)s ? Qu'est-ce que tu fais avec tes ami(e)s ? Nous avons posé ces questions à Véronique.

Journaliste Véronique, est-ce que tu as beaucoup d'amis ?

Véronique J'en ai deux, ce n'est pas beaucoup, mais c'est assez pour moi. Je préfère avoir moins d'amis, mais de vrais amis en qui je peux avoir confiance. Et je sais que si je leur dis quelque chose de personnel, ils ne vont pas tout raconter aux autres. La dernière fois que j'étais triste, ils étaient tous là. Avec Regina et Florine, on est un groupe inséparable. On essaie d'être ensemble le plus souvent possible, le soir après l'école, en fin de semaine ou pendant les vacances.

Journaliste Que faites-vous quand vous êtes ensemble ?
Véronique On passe des après-midi à faire du shopping, on fait du tennis, on va au cinéma, on fait des pique-niques, on prépare des fêtes. Mais, en fait, on n'a pas besoin de faire quelque chose de spécial, il suffit d'être ensemble pour passer des moments super.
Journaliste Quelles sont les qualités que tu aimes le plus chez tes amis ?
Véronique J'aime quand ils honnêtes qu'ils me comprennent. Je sais aussi que ce sont de vrais amis quand je peux compter sur eux. Même si de temps en temps on n'a pas les mêmes idées, au moins on sait que nos idées sont acceptées. Être honnête et montrer du respect, c'est très important. Mais il faut accepter son ami comme il est, car personne n'est parfait. Tout le monde a ses petits défauts. Il est important d'avoir de vrais amis.

1. Dans cet extrait il s'agit…

   ☒ d'une interview.

2. Véronique a combien de meilleurs copains ?

   2.

3. Avec les copains, Véronique fait du sport et…

   ☒ du shopping.

4. Véronique aime les amis pour…

   ☒ passer du temps ensemble.

EXERCICE 3

À l'hôtel

Le réceptionniste Bonjour, Mesdemoiselles.
Stéphanie Bonjour, Monsieur. Est-ce que vous avez des chambres libres ? Je voudrais deux chambres individuelles pour ma copine et moi, s'il vous plaît.
Le réceptionniste Tout est complet, malheureusement... Ah, non : il y a encore une chambre avec un grand lit.
Stéphanie Et la chambre coûte combien, s'il vous plaît ?
Le réceptionniste C'est trente-cinq euros par personne et par nuit.
Stéphanie Le petit-déjeuner est compris dans le prix ?
Le réceptionniste Oui, tout est compris.
Zoé À quelle heure servez-vous le petit-déjeuner ?
Le réceptionniste C'est de six heures à dix heures du matin, Mademoiselle.
Voici la clé de votre chambre. C'est le numéro 311, au troisième étage. Vous pouvez prendre l'escalier ou l'ascenseur.
Zoé Merci... Et la chambre est avec vue sur la mer ?
Le réceptionniste Du toit de l'hôtel, il y a une vue splendide : la mer est seulement à 300 mètres. Mais on ne peut pas la voir de votre fenêtre.
Zoé Ce n'est pas grave. Merci Monsieur !

1. Les deux jeunes filles voudraient avoir…

   ☒ deux chambres individuelles.

❷ Que propose le réceptionniste comme chambre libre ?

Une chambre avec un lit double.

❸ Le prix de la chambre est de...

☒ 35 euros.

❹ Qu'est-ce qui est également compris dans le prix ?

Le petit-déjeuner.

❺ La chambre est au...

☒ troisième étage.

❻ On peut voir la mer depuis...

☒ le toit de l'hôtel.

EXERCICE 4

Conversation à la gare

Caroline	Ça y est, Patrick, j'ai acheté notre billet de train pour Brest. Tu n'as rien oublié ?
Patrick	Non, non... Voilà mon portable et mon appareil photo. Oh non, j'ai oublié mon MP3 ! Bon, ce n'est pas grave. Tu as aussi ta carte d'identité dans ton sac à dos, Caroline ?
Caroline	Bien sûr, voyons. De quelle voie part notre train ?
Patrick	Regarde, c'est écrit là : Voie numéro 5. Allez, c'est parti !
Caroline	Attends, pas si vite ! Avant d'aller sur le quai, il faut d'abord composter le billet.
Haut-parleur	Voie numéro 5. Votre attention, s'il vous plaît ! Le TGV numéro 410 à destination de Brest a quelques minutes de retard. Départ prévu à 14 heures 35. Merci de votre compréhension.
Patrick	Ah bah, tu vois, on a le temps ! On va pas partir tout de suite ! On va boire un café ?
Caroline	Bon, d'accord !

❶ Patrick et Caroline prennent le train pour aller...

☒ à Brest.

❷ Qu'est-ce que Patrick a oublié de prendre ?

Le MP3.

❸ Le train de Patrick et Caroline va partir du quai numéro...

☒ 5.

❹ Quel est le problème du train de Patrick et Caroline ?

(En) retard.

❺ Que propose Patrick avant en attendant le train ?

(De) boire un café.

2 Compréhension des écrits

EXERCICE 1

	Image n° :
Je préfère les bons repas.	7
Les jeux de société, c'est amusant.	1
J'aime regarder mes souvenirs de vacances.	4
Pour regarder la nature, je vais souvent dehors.	2
J'aime bien faire de la musique pour le plaisir.	8
Pour être créatif, je passe des heures dans mon atelier.	6
J'adore passer beaucoup de temps dans un autre pays.	5

EXERCICE 2

1. Cet article présente comment les jeunes…

   ☒ expriment leurs émotions.

2. Quel sentiment a Bertrand ?

   Triste.

3. Le problème de Karim concerne qui ?

   Sa petite amie.

4. Bertrand écrit parce que ses parents…

   ☒ vont se séparer.

5. Vrai ou faux ? Cochez la case correspondante (☒) et recopiez la phrase ou la partie du texte qui justifie votre réponse.

	Vrai	Faux
Floriane est heureuse d'être dans une nouvelle école. **Justification :** « Je suis contente parce que j'ai rencontré une fille super sympa. »		☒
Éric est content parce qu'il est un génie en maths. **Justification :** « Normalement, je suis super nul ! »		☒
Anaïs est énervée parce que son frère a raconté ses secrets sur Internet. **Justification :** « Il a tout raconté sur Facebook. »	☒	

EXERCICE 3

1. Où est-ce que les « encrémeurs » vont travailler ?

   À la plage.

2. Qu'est-ce que les candidats doivent envoyer avec leur demande d'emploi ?

   Un formulaire [rempli]. / Un CV. / Une vidéo.

3. L'offre d'emploi aux Sables d'Olonnes est pour…

   ☒ mettre de la crème solaire et donner des conseils.

4. Quel est l'objectif final de ce job d'été ?

   ☒ Faire de la publicité pour la ville.

3 Production écrite

EXERCICE 1

Le week-end dernier j´ai observé un vol dans la rue. J´ai vu un jeune homme, peut-être 16 ans, avec les cheveux noirs et courts dans la rue de l'école. Il a porté un pull gris, un jeans et des chaussures noirs. Il a ouvert la porte d'une voiture rouge. Soudain, j´ai vu un sac gris dans ses mains. Il a pris le porte-monnaie puis il a jeté le sac sous une voiture. Cela s'est passé très vite et j'ai eu un peu peur après. J'étais désolé parce que je ne pouvais rien faire.
(93 mots)

EXERCICE 2

Salut Bertrand,
Je vais bien, merci. Et toi ? Je suis en 4ème, j'ai 13 ans et j'habite à Stuttgart. J'ai deux frères. Je fais du foot et de la guitare. Je préfère parler sur facebook. Tu es en quelle classe ? Quel est ton emploi du temps ? Tu manges à la cantine ? Tu as beaucoup de devoirs ? As-tu des animaux ?
On se parle bientôt sur facebook, d'accord ?
Bises,
Amelie
(73 mots)

4 Production orale

1 ENTRETIEN DIRIGÉ

Bonjour, je m'appelle Madeleine, j'ai 13 ans, j'habite à Dresde avec mes parents et mon frère. Je suis élève au lycée, j'adore l´histoire et la géographie, je lis beaucoup et je préfère les romans d'histoire. Dans mon temps libre, je fais aussi du jogging, je vais souvent courir avec mon père dans le parc. Mon frère préfère danser, il est danseur professionnel, il a 18 ans. Mon père et ma mère ont un magasin de chaussures, ils travaillent beaucoup mais le week-end, nous allons toujours voir les spectacles de mon frère. Nous n´avons pas de chiens et de chats mais un poisson rouge. Il s´appelle Bulle. Son aquarium est dans ma chambre !

2 MONOLOGUE SUIVI

Sujet 1 : L'ordinateur

J'utilise l'ordinateur le soir et le week-end. Tous les jours, je passe une ou deux heures sur l'ordinateur. le week-end, je reste trois ou quatre heures sur Internet. Je pense que je suis dix heures par semaine sur l'ordinateur. Je travaille pour l'école et je fais mes devoirs. J'écoute de la musique et je regarde des films. Je chatte sur Facebook avec mes copains ou j'envoie des mails. Je joue à des jeux ou je surfe sur Internet.

Sujet 2 : Chambre

Dans ma chambre, il y a un grand lit, une grande armoire, deux étagères avec mes livres et mes CD, un bureau, une chaise et un balcon. J'ai des posters de mes stars préférées et les murs sont jaunes. J'adore ma chambre parce qu'elle est grande. J'aime la décoration et l'ambiance. Je trouve qu'elle est belle. Dans ma chambre, je fais mes devoirs, je lis des BD, j'écoute de la musique ou je chatte avec mes copains.

3 EXERCICE EN INTERACTION

Sujet 1 : Pique-nique au parc

Locuteur A (élève)	Locuteur B (examinateur)
– Alors, tu as déjà des idées pour le pique-nique de samedi ?	
	– Non, pas vraiment, et toi ?
– Oui, on peut faire des sandwichs au fromage et des sandwichs au jambon.	
	– Oui, bonne idée. Alors, je commence la liste de courses.
– Du pain, du fromage et du jambon. Tu peux écrire aussi, des tomates !	
	– Et qu'est-ce qu'on prend comme boissons ?
– Euh, je ne sais pas... de l'eau pour tout le monde, c'est plus pratique pour nous !	
	– Oui, tu as raison. Des bouteilles d'eau. Et on peut prendre des biscuits.
– Oui, des biscuits au chocolat, c'est meilleur !	
	– Et tu veux faire les courses quand ?
– Vendredi après l'école. Tu as du temps pour venir avec moi ?	
	– Oui, pas de problème. Alors on va ensemble au supermarché, vers 16 h.
– C'est parfait !	

Sujet 2 : Au zoo

Locuteur A (élève)	Locuteur B (examinateur)
– Demain, je voudrais aller au zoo avec toi. C'est très intéressant, parce que j'adore les animaux.	
	– Au zoo ? Oui, pourquoi pas ? Tu as déjà été au zoo ?
– Oui, et toi ?	
	– Oui, au zoo de la Palmyre, à Royan, en France.
– Moi je voudrais te montrer le zoo de Wuppertal.	
	– Oui, qu'est-ce qu'il a de particulier ?
– C'est un très ancien zoo et il se trouve au milieu de la forêt. C'est vraiment très joli. Et puis il faut beaucoup marcher, alors, c'est comme une petite randonnée !	
	– Très bonne idée, en plus il fait beau demain ! Et il y a beaucoup d'animaux ?
– Oh oui, vraiment beaucoup ! Des ours blancs, des panthères, des lamas, des flamants roses, etc.	
	– Il y a aussi des petits animaux aquatiques ?
– Oui, il y a même des grenouilles bleues ! Mais mes animaux préférés sont les pingouins. Ils sont très drôles !	
	– Alors, on y a va à quelle heure demain ?
– Vers 11 h, ça te va ?	
	– Oui, très bonne idée ! J'ai hâte !

1 Compréhension de l'oral

EXERCICE 1

Bonjour, bienvenue dans notre émission « Et moi plus tard ! » Nous avons demandé à 30 jeunes entre 14 et 16 ans s'ils aiment apprendre des langues étrangères. Et quelle surprise, ils sont très intéressés. Même si c'est obligatoire à l'école, ils trouvent très motivants de découvrir une nouvelle langue et une nouvelle culture.
Ils ont aussi tous l'objectif de voyager alors, ils ont besoin d'autres langues ! Quelques-uns pensent même travailler un jour à l'étranger, alors là, c'est vraiment important. Bonne chance à tous ceux qui apprennent de nouvelles langues. Parfois, c'est difficile, mais le résultat est une bonne chose !

1. Ce document est…
   ☒ un reportage.

2. Le thème principal concerne les langues…
   ☒ étrangères.

3. Quel âge ont les jeunes concernés ?
   Entre 14 et 16 ans.

4. Quel est la motivation principale pour ces jeunes ?
   Voyager.

EXERCICE 2

Sophie Hmm ! Elles sont bonnes, tes pâtes, maman. Et ta sauce... c'est la meilleure du monde !
La mère Merci, Sophie, c'est gentil ! Si tu veux, mercredi je vais te montrer comment la préparer. Éric, donne-moi ton assiette, s'il te plaît.
Éric Non merci. Moi, je préfère les frites.
La mère Mais il n'y a pas de frites, aujourd'hui ! Éric, il faut manger ce qui est sur la table.
Éric Alors, je vais attendre le dessert.
Sophie Tu vas avoir faim, cet après-midi, petit frère, si tu manges seulement une tranche de melon.
Éric Oh, toi, tu es toujours contente. Mais moi, j'ai vu quelque chose de plus intéressant dans le frigo, Sophie...
Sophie Ah bon ? Et c'est quoi ?
Éric Des yaourts à la vanille, au chocolat et à la fraise. Hmm...
La mère Mais il n'y a pas de desserts dans le frigo pour nous, Éric : je les ai achetés pour la voisine !

1. La mère demande à Éric…
   ☒ son assiette.

2. La mère veut montrer à Sophie comment faire…
   ☒ la sauce pour les pâtes.

3 Quel est le plat préféré d'Éric ?

Le plat de frite.

4 Qu'est-ce que la famille va manger, aujourd'hui, comme dessert ?

Du melon.

EXERCICE 3

Vendeuse Bonjour madame.
Cliente Bonjour, je voudrais acheter quelque chose pour mon mari parce qu'il a froid et il est enrhumé. Il tousse aussi beaucoup et il a mal à la gorge. Et moi j'ai mal à l'estomac depuis hier.
Vendeuse Est-ce qu'il a vu un médecin ?
Cliente Non, parce qu'il a seulement un rhume et pas de fièvre.
Vendeuse Bien, on va lui donner un sirop pour la toux, des pastilles pour la gorge et de l'aspirine. Si le rhume ne s'arrange pas dans 3 trois jours, je vous conseille de voir un médecin.
Et pour vous, prenez ces comprimés vitaminiques, ils sont très efficaces. Ça fait 17 euros.
Cliente Voilà et merci. Au revoir et bonne journée.

1 Quel est le problème du mari malade ? Il a froid et...

☒ il est enrhumé.

2 De quel type de médicament est-il question ?

Des comprimés vitaminiques.

3 Que vend la vendeuse à la cliente ?

☒ Un sirop, des pastilles et de l'aspirine.

4 Le couple doit consulter un médecin dans 3 jours si...

☒ la situation ne s'améliore pas.

5 La cliente doit payer...

☒ 7 €.

EXERCICE 4

Forme et fitness vous dit bonjour et veut vous mettre en forme.
Si vous voulez vous inscrire, tapez 1. Si vous voulez parler directement avec un de nos professeurs, tapez 2. Si vous voulez contacter l'administration, tapez 3. Sinon patientez un moment. Pour information, vous trouverez une fiche d'inscription sur notre site Internet *formeetfitness.fr* Vous pouvez nous la renvoyer avec une photo, la copie d'un document d'identité et votre numéro de carte bancaire pour le paiement.
Le prix par mois est de 45 euros si vous êtes nouveau dans notre centre. Si vous êtes déjà membre, le prix est de 35 euros par mois. Nous serons heureux de vous accueillir bientôt chez Forme et fitness.

1 Dans ce document sonore, de quel lieu s'agit-il ?

☒ Un centre de fitness.

2 On parle de deux documents qui sont nécessaires pour s'inscrire. Lesquels ?

La carte d'identité / La photo.

3 Les frais mensuels varient selon si on est…

☒ membre ou pas.

4 Où peut-on trouver la fiche d'inscription ?

☒ Sur le site Internet.

5 Quel est le tarif pour un nouveau membre ?

☒ 45 euros.

2 Compréhension des écrits

EXERCICE 1

	Annonce n° :
Valentin adore jouer à la Play-Station.	1
Anne-Laure est passionnée de photographie.	5
Frédéric a besoin d'une clé USB.	4
Marc aime lire des revues de moto.	2
Sylvie adore chanter et écouter de la musique.	6

EXERCICE 2

1 De quelles pièces parle le document ? Des chambres pour…

☒ les enfants, de la salle de bain et du séjour

2 Vrai ou faux ? Cochez la case correspondante (☒) et recopiez la phrase ou la partie du texte qui justifie votre réponse.

	Vrai	Faux
Dans la salle de bains, il n'y a pas de place. **Justification :** « Notre mobilier de salle de bains offre tout l'espace nécessaire. »		☒
Le mobilier business a besoin des meubles modernes et chers. **Justification :** « Il faut aménager les locaux de façon élégante et pratique. »		☒

3 On est confortablement assis avec ceux que l'on aime…

☒ dans le séjour.

EXERCICE 3

1. De quel festival parle le document ?

   ☒ Du cinéma.

2. Vrai ou faux ? Cochez la case correspondante (☒).

   Voici une offre pour les personnes qui veulent se reposer.
   ☒ Vrai.

   Pour aller à l'hôtel, il faut prendre un taxi.
   ☒ Vrai.

3. On reçoit 100 euros comme cadeau si on fait une réservation…

   ☒ rapide.

EXERCICE 4

1. Cet article parle :

   ☒ de l'inscription à la cantine.

2. Quels papiers faut-il pour l'inscription ? *(2 réponses)*

   Accord parental. / Photo d'identité. / Formulaire d'inscription.

3. Que doit-on faire après le repas ? *(2 réponses)*

   Ranger la vaisselle. / Nettoyer la table.

4. Vrai ou faux ? Cochez la case correspondante (☒) et recopiez la phrase ou la partie du texte qui justifie votre réponse.

	Vrai	Faux
Les jeunes peuvent s'inscrire sans leurs parents. **Justification :** « Accord écrit des parents. »		☒
Si on mange plusieurs fois par semaine, le prix du repas est moins cher. **Justification :** « 1 repas : 4,50€, 5 repas : 2,50€. »	☒	
On ne peut pas décider de ce qu'on mange. **Justification :** vous pouvez choisir vos repas.		☒

3 Production écrite

EXERCICE 1

Quand j'étais en France, je suis allé au restaurant. C'était très bien ! J'étais avec mon correspondant et ses parents. Nous avons mangé de la cuisine typiquement française : de la quiche, des escargots et de la crème brûlée ! C'était délicieux. Mais en France, je préfère le pain, la baguette qui est toujours sur la table du restaurant ! Dans le restaurant, il y avait de la musique française, c'était très agréable.
(73 mots)

EXERCICE 2

Chère Mariette,
c'est super un nouveau centre commercial avec beaucoup de magasins ! Moi j'aime bien les magasins de livres et de CD. J'aimerais bien te rendre visite. Peut-être la dernière semaine de juillet ? Je suis libre le samedi et nous pouvons y aller ensemble. C'est possible pour toi ?
Quand je viens te voir, je voudrais aller au centre commercial avec toi ! J'aime bien tous ces magasins, il y a toujours de la musique et l'ambiance est toujours très sympa !
J'attends ta réponse.
Bisous,
Marc
(89 mots)

4 Production orale

1 ENTRETIEN DIRIGÉ

Bonjour, je m'appelle Madeleine, j'ai 13 ans, j'habite à Dresde avec mes parents et mon frère. Je suis élève au lycée, j'adore l'histoire et la géographie, je lis beaucoup et je préfère les romans d'histoire. Dans mon temps libre, je fais aussi du jogging, je vais souvent courir avec mon père dans le parc. Mon frère préfère danser, il est danseur professionnel, il a 18 ans. Mon père et ma mère ont un magasin de chaussures, ils travaillent beaucoup mais le week-end, nous allons toujours voir les spectacles de mon frère. Nous n'avons pas de chiens et de chats mais un poisson rouge. Il s'appelle Bulle. Son aquarium est dans ma chambre !

2 MONOLOGUE SUIVI

Sujet 1 : Star préférée
Ma star préférée est une actrice belge qui s'appelle Cécile de France. Elle est mince, blonde et elle a un très beau sourire. Je l'aime bien parce qu'elle joue très bien. Elle joue dans « un secret », mon film préféré. Elle a même été nominée pour l'oscar de la meilleure actrice pour ce rôle ! Elle a aussi joué « l'auberge espagnole », un film très connu en France.

Sujet 2 : Film
Le dernier film que j'ai vu était Tomboy. C'est un film français. Il raconte l'histoire d'une fille, Laure, d'environ 10 ans qui décide de dire qu'elle est un garçon et se fait appeler Mickaël. L'actrice principale s'appelle Zoé Heran. Le film a été présenté au festival de Berlin. Je l'ai vu avec ma classe et nous avons bien aimé, le thème est difficile mais notre discussion après était très intéressante. J'ai aimé le personnage de la petite sœur, elle est très drôle. Le film m'a fait beaucoup réfléchir.

3 EXERCICE EN INTERACTION

Sujet 1 : Organiser un groupe de sport

Locuteur A (examinateur)	Locuteur B (élève)
– Salut Pierre ! Alors, qu'est-ce qu'on fait pour la semaine sportive à l'école ?	
	– Salut Max. Oui, nous devons organiser quelque chose. Nous devons inviter une célébrité. Tu voudrais inviter qui ?
– Nous pouvons demander à un footballeur ou alors un joueur de tennis ?	
	– Je pense que tous les élèves préfèrent le foot. Même les filles. Alors on peut écrire à Ribéry ?
– Oui, peut-être qu'il accepte de venir dans notre école. Et est-ce qu'on propose un tournoi de foot ?	
	– Oui, c'est toujours une bonne idée. Il faut aussi proposer d'autres sports, comme la boxe, la danse, le volley, le ping-pong. Et les élèves peuvent tester un nouveau sport chaque jour.
– Oui, bonne idée, alors on va parler avec madame Grisou et elle va décider si notre programme est intéressant.	
	– Super, on y va.
– Oui, c'est parti.	

Sujet 2 : Expérience professionnelle

Locuteur A (élève)	Locuteur B (examinateur)
– J'ai une question : pourquoi vous avez décidé d'être professeur ?	– J'ai toujours voulu faire ce métier. J'aime la langue française et je voulais toujours apprendre quelque chose aux enfants.
– Mais ce n'est pas fatigant ?	
	– Oh, si ! Parfois, c'est très difficile, et il y a toujours quelque chose à faire. Mais c'est la même chose dans beaucoup de métiers !
– Et vous avez fait des stages pendant les études ?	
	– Oui, c'était obligatoire. Et toi, qu'est-ce que tu veux faire plus tard ?
– Moi aussi, je veux devenir professeur de français. Je dois encore beaucoup apprendre, mais je vais essayer ! Et j'ai une question : est-ce que c'est possible de faire un stage dans votre école ?	
	– Oui, bien sûr ! Tu pourrais venir avec moi dans la classe. Tu peux voir comment se passent les cours en France. Et c'est un bon entrainement pour parler français !
– Oh, super ! Merci beaucoup. Alors l'année prochaine, je pourrai venir 3 semaines dans votre école ?	
	– Oui, pas de problème. Tu peux m'écrire quand tu connais les dates précises.
– C'est super, merci beaucoup !	
	– Mais de rien, avec plaisir !

1 Compréhension de l'oral

EXERCICE 1

Professeur Sylvain, est-ce que tu peux lire le texte p.139, s'il te plaît?
Sylvain Le jeune réfléchissait...
Professeur Peux-tu répéter le verbe?
Sylvain réfléchissait.
Professeur Epelle le verbe.
Sylvain r-é-f-l-é-c-h-i-s-a-i-t
Professeur Non, il faut deux « s ».
Sylvain Les temps et la conjugaison, c'est super dur ! J'y comprends rien !
Professeur Mais c'est ta langue maternelle ! Tu dois apprendre ta grammaire ! Continue à lire.
Sylvain Et la jeune fille était endormie.
Professeur Pourquoi y-a-t-il un « e » à la fin d'endormie ?
Sylvain C'est une question dure, ça madame ! J'sais pas !
Professeur Parce que la jeune fille, c'est féminin ! Les autres, arrêtez de parler s'il vous plait, écoutez et écrivez la leçon, c'est important !

1. Sylvain doit lire quelle page du livre ?

   ☒ Page 139.

2. Qu'est-ce que Sylvain trouve difficile ?

   La grammaire. / La conjugaison.

3. La prof dit aux élèves de… *(2 réponses)*

   Être silencieux. / Écrire.

EXERCICE 2

Idées d'un métier de rêve. Voilà l'opinion de trois jeunes.

Guillaume Mon rêve est de de devenir dessinateur de bandes dessinées. C'est un métier qui combine le dessin et l'écriture, ce que j'aime beaucoup. Avec ce métier j'ai la possibilité de m'inspirer de nombreuses scènes de la vie de tous les jours. Les BD de Tintin me plaisent car on se retrouve dans beaucoup de ces histoires. Peut-être que moi aussi un jour je deviendrai connu !
Kathie J'aime m'occuper d'animaux : des chiens et des chats, des lapins et des chevaux. J'aime observer le comportement des chats et d'autres animaux. Je veux donner des conseils aux gens. Ils doivent savoir comment s'occuper de leurs animaux. Mon rêve est un peu fou : dans l'idéal, les humains n'ont plus peur des animaux et les animaux n'ont plus peur des humains.
Mimi Je veux devenir avocate. Pourquoi ? Il y a tant d'injustice dans ce monde ! Et tous ces droits qui ne sont pas respectés ! Je veux défendre les gens qui n'ont rien fait. Je voudrais tant pouvoir faire changer les choses pour un meilleur monde avec beaucoup de perspectives positives pour les jeunes.

1. Dans ce document, il est question…

   ☒ des métiers.

2. Guillaume aime bien…

   ☒ les BD et les dessins.

❸ Kathie et Mimi veulent…

☒ s'occuper de quelqu'un ou de quelque chose.

EXERCICE 3

Animatrice Aujourd'hui, nous recevons Julien, un jeune très engagé pour sa ville. Il nous parle de ses projets. Alors Julien, quand et pourquoi avez-vous décidé de vous engager pour votre ville ?
Julien Bonjour et merci pour l'invitation. Eh bien, il y a 2 ans, j'étais dans le bus. Et je voyais tous ces papiers dans les rues. Je me suis dit, non ce n'est pas possible. Il faut faire quelque chose !
Animatrice Alors vous avez décidé de proposer des actions pour l'environnement dans les écoles, c'est ça ?
Julien Oui, je vais dans les écoles et je propose des petits jeux pour apprendre qu'il ne faut pas laisser les papiers par terre. Il faut jeter ses papiers à la poubelle !
Animatrice Et ça fonctionne ? Les élèves participent au projet ?
Julien Oui, c'est un vrai succès ! J'espère maintenant que les gens vont apprendre à vivre dans une ville propre et protéger l'environnement !
Animatrice Alors, bonne chance !
Julien Merci beaucoup, au revoir.

❶ Ce document est…

☒ une interview.

❷ Le sujet de ce document concerne….

☒ l'engagement d'un adolescent.

❸ Où se trouve Julien quand il prend une nouvelle décision ?

Dans le bus.

❹ Que fait Julien quand il va dans les écoles ?

Proposer des actions pour l'environnement. / Des jeux. / Parler de son projet.

❺ Julien souhaite vivre dans une ville…

☒ propre.

EXERCICE 4

Émission de radio

Animateur Bonjour, vous êtes sur Radio Ados pour notre thème spécial « les adolescents et leurs corps ». On sait que les jeunes filles et les garçons ont des problèmes avec leurs corps. Et maintenant, on écoute Lisa :
Lisa Salut, j'ai 13 ans et je me trouve trop grande. Mes vêtements ne me vont plus et je suis la plus grande de la classe !
Animateur Dis-moi, quelle est ta taille ?
Lisa 1,90 m. J'ai de trop grandes mains et de trop grands pieds et je déteste mes jambes, j'ai l'air d'une géante, c'est pourquoi j'ai pas de petit copain.
Animateur J'ai peut-être une solution à ton problème : tu peux jouer au basket et les garçons aiment les filles sportives !

Lisa Ah oui, c'est une super bonne idée, merci beaucoup, salut !
Animateur Et si vous aussi, vous avez des problèmes, appelez Radio Ados au 01-48-99-31-15. Bonne journée et à bientôt !

1. Quel âge a Lisa ?

   13 ans.

2. Quel est le problème de Lisa ?

   Trop grande.

3. Qu'est-ce que Lisa déteste dans son corps ? *(3 réponses)*

   Main. / Pieds. / Jambes.

4. Lisa aimerait avoir…

   ☒ un petit ami.

5. Quelle solution propose Radio Ados à Lisa ?

   Footballeur et basketballeur.

6. Lisa mesure 1,90 m.

2 Compréhension des écrits

EXERCICE 1

	Image n° :
J'adore les tendances de la mode.	2
J'essaie d'éviter les boissons sucrées.	7
Je les achète en fonction de la saison.	3
J'aime bien les desserts à base de fromage blanc.	8
Je fais la vaisselle avec des produits écologiques.	1
Je préfère la viande et les saucisses des agriculteurs bio.	5
Pour moi, c'est important de manger beaucoup.	3

EXERCICE 2

1. Ce texte est…

☒ un menu.

2. Combien coûte un menu marché entré, plat, dessert ?

12 + 5 = 17€

3. Il est possible de commander… *(2 réponses)*

☒ au bar.
☒ dans la chambre.

4. Quel est la particularité de ce restaurant ?

Cuisine traditionnelle française de saison. / Tous les produits sont frais du jour.

5. Comment connaitre le plat et le dessert du jour ?

☒ Il faut demander au serveur.

EXERCICE 3

1. Vrai ou faux ? Cochez la case correspondante (☒) et recopiez la phrase ou la partie du texte qui justifie votre réponse.

	Vrai	Faux
Pour une heure de vélo, on ne paye rien. **Justification :** « La première demi-heure est gratuite. »		☒
Les vélos sont disponibles même le dimanche. **Justification :** : « 24/24h et 7/7jours »	☒	
Il y a ce service qu'à Paris. **Justification :** « D'autres villes comme Rennes et Lyon proposent aujourd'hui le même service. »		☒

2. Les vélos sont disponibles…

☒ à toute heure.

3. Ce service est ouvert à Paris depuis…

☒ 2007.

4. Velib signifie…

☒ vélo-liberté.

3 Production écrite

EXERCICE 1

Voilà ma famille française.
Le père s'appelle Gérald. Il a 52 ans et travaille à l´hôpital parce qu´il est un médecin. La mère, Marie-Line, a 50 ans et travaille à la maison parce qu´elle écrit des livres. Il y a Pierre-Antoine, il a 14 ans. Il y a aussi sa sœur Pauline qui fait ses études à Paris. Elle aime les bijoux et l´art. Elle a 22 ans. Elle va à la même école que moi. C'est super d'être dans cette famille ! Tout le monde est très gentil avec moi, on rigole beaucoup ensemble et on joue beaucoup.
(99 mots)

EXERCICE 2

Salut !
Oh, tu es malade, quel dommage. Maintenant, tu vas mieux ?
Moi ça va, je ne suis pas malade en ce moment. J'ai été malade il y a un mois, mais maintenant, c'est parti, tout va bien.
Mais je suis fatigué, j'attends les vacances !! En ce moment, il y a beaucoup de choses à faire pour l'école, alors, je voudrais que ça se termine !
Donne-moi de tes nouvelles !
Bisous,
Maria
(75 mots)

4 Production orale

1 ENTRETIEN DIRIGÉ

Bonjour, je m'appelle Madeleine, j'ai 13 ans, j'habite à Dresde avec mes parents et mon frère. Je suis élève au lycée, j'adore l´histoire et la géographie, je lis beaucoup et je préfère les romans d'histoire. Dans mon temps libre, je fais aussi du jogging, je vais souvent courir avec mon père dans le parc. Mon frère préfère danser, il est danseur professionnel, il a 18 ans. Mon père et ma mère ont un magasin de chaussures, ils travaillent beaucoup mais le week-end, nous allons toujours voir les spectacles de mon frère. Nous n´avons pas de chiens et de chats mais un poisson rouge. Il s´appelle Bulle. Son aquarium est dans ma chambre !

2 MONOLOGUE SUIVI

Sujet 1 : Ma famille et les vacances
Mon père s'appelle Franck et ma mère Antje. J'ai un grand frère qui s'appelle Bastian et une petite sœur qui s'appelle Elisa, elle a 8 ans. Je pas beaucoup de temps avec mon frère Bastian parce que nous jouons au foot ensemble. Pour les prochaines vacances, nous restons en Allemagne. Nous allons aller à la mer Baltique. Ensemble, avec ma famille, nous voulons faire du vélo, jouer au ballon sur la plage et manger des glaces !

Sujet 2 : Emploi du temps
Mon jour préféré est le lundi parce que je n'ai pas cours l'après-midi. Je déteste le mercredi parce que j'ai cours toute la journée. Mon emploi du temps est super parce que j'ai cours que deux après-midi dans la semaine.

3 EXERCICE EN INTERACTION

Sujet 1 : Job d'été en France

Locuteur A (élève)	Locuteur B (examinateur)
	– Bonjour, je suis Madame / Monsieur Allègre. Bienvenue à Huelgoat ! Alors, c'est toi qui veux m'aider au café cet été ? Comment est-ce que tu t'appelles ?
– Bonjour, Madame / Monsieur. Je m'appelle Martin(a) et je vous remercie de me recevoir.	
	– Ah, oui, c'est ça : Martin(a). Tu as déjà travaillé, dans la vie ?
– Non, Madame / Monsieur, c'est la première fois. Mais j'aide souvent mes parents à la maison ! Et je fais toujours tout pour la cuisine.	
	– Très bien, Martin(a). Je vois que tu es très motivé(e). Et je vois aussi que tu parles bien français : comme ça, tout va être plus facile.
– Merci, Madame / Monsieur. J'apprends aussi l'anglais au collège mais je dois faire des progrès en français. J'espère que je vais parler avec vous et avec les touristes, pendant mon travail...	
	– Oh, oui ! Je suis assez bavard(e). Tu vas aussi pouvoir parler avec les clients, surtout les jeunes, pendant que tu laves les tables et les verres. Ils sont très sympas.
– À quelle heure commence le service ?	
	– Tous les matins, à 7h !
– C'est très tôt !	– Mais toi, tu vas commencer à 10h. Et tu vas avoir deux journées libres dans la semaine.
– C'est bien ça !	
	– Alors, tu es prêt(e) pour commencer la semaine prochaine ?
– Oui, quand vous voulez. Je suis prêt(e).	
	– Alors à lundi prochain.
– Merci beaucoup, à lundi !	

Sujet 2: Le programme des vacances

Locuteur A (examinateur)	**Locuteur B (élève)**
	– Alors, qu'est-ce que tu as envie de faire pendant les vacances ?
– Oh, c'est comme tu veux !	
	– Alors, on peut aller à la piscine, on peut aller au cinéma, faire les magasins, aller manger une glace... On peut faire beaucoup de choses !
– Je crois que le cinéma, c'est difficile pour moi. Je ne peux pas comprendre tout le film ! Alors je préfère la piscine !	
	– Oui, c'est vrai ! Et mardi, il y a un petit concert. Tu aimes la musique, tu veux y aller ?
– Oui, pourquoi pas !	
	– Super, comme ça, tu peux rencontrer mes copains ! Tu vas voir, ils sont très sympas !
– Et est-ce qu'on peut visiter le centre-ville une fois ?	
	– Ah oui, bien sûr ! On peut faire ça à vélo, c'est très joli !
– Oui, très bonne idée ! Alors on commence avec ça demain ?	
	– Ça marche ! on a trouvé le programme pour demain. On verra pour les autres jours !
– Oui, tu as raison, on a du temps !	
	– Oui, on ne va pas tout organiser tout de suite !

1 Compréhension de l'oral

EXERCICE 1

Journaliste Et comment va être la météo, demain, Noël Dollacaux ?

Noël Dollacaux Eh bien, vous pouvez préparer vos skis et votre luge ! Dès la matinée, il va y avoir d'importantes chutes de neige de l'Atlantique aux régions de l'Est du pays. Même la région de Bordeaux va se retrouver toute blanche, mais attention dans les Alpes aux risques d'accidents avec cette masse de neige fraîche !

Dans le Nord-Ouest, on va avoir de la pluie et c'est seulement dans le Sud-Est que le soleil va être au rendez-vous, mais sans vous réchauffer, parce que le vent va être très violent dans toute la vallée du Rhône.

Journaliste Brrrrr... Et les températures prévues ?

Noël Dollacaux On ne peut pas dire que c'est le printemps ! Il va faire froid, très froid. Vers midi, vous allez avoir 5 à Brest et à Montpellier, 4 à Toulouse et à Rouen, mais seulement 2 à Nice et moins 2 à Lyon. Et dans l'après-midi, le thermomètre va descendre jusqu'à moins 6 dans le Massif Central.

Journaliste Merci, Noël. N'oubliez pas vos gants et votre écharpe pour sortir ! Et maintenant voici nos informations de la soirée.

1. Quel temps fait-il demain sur la côte atlantique ?

   ☒ De la neige dans toute leur région.

2. Quelle carte correspond à la météo de demain ?

   Nuage et pluie en Bretagne, soleil en Provence, neige en Alsace.

3. Où est-ce qu'il va faire 2 degrés demain à 12 heures ?

   ☒ À Nice.

EXERCICE 2

Tu t'entends avec tes frères et sœurs ? Tu as un frère ou une sœur ? Vous vous entendez bien ? Voilà la réponse de 4 jeunes de votre âge.

Julia, 14 ans J'ai un petit frère, il s'appelle Alexandre et il a 12 ans, c'est-à-dire, il a deux ans de moins que moi. Je m'entends bien avec lui. Bien sûr, on n'est pas toujours d'accord. Quand on parle de l'école ou des camarades, il dit des choses stupides, un peu « bébé ».

Grégory, 13 ans J'ai une grande sœur, elle s'appelle Gabrielle. Elle a 17 ans. On est très différents : Elle aime beaucoup la mode, mais elle est aussi sportive. Moi, j'aime surfer sur Internet et regarder la télé, mais aussi m'amuser avec mes copains. Ma sœur n'aime pas mes copains. La différence d'âge, c'est le problème.

Sandrine, 16 ans Ma sœur Cathy a 13 ans. Je ne m'entends pas toujours avec elle. On se dispute souvent. Je suis plus âgée qu'elle et mes parents me donnent plus de liberté. Je peux sortir le soir et aller au cinéma avec mes copines. Alors, ma sœur est un peu jalouse.

Nicolas, 14 ans Je m'entends bien avec mon frère Valentin. Il a aussi 14 ans, on est jumeaux. On va dans la même classe, mais on n'a pas les mêmes copains. Je n'aime pas m'habiller comme lui.

1. En général, quelle relation ont les jeunes interviewés avec leurs frères et sœurs ?

   ☒ Une bonne relation.

2. Julia a un frère...

   ☒ plus jeune.

3. Julia et Nicolas ont tous les deux...

   ☒ un frère.

4. Que font souvent Grégory et Sandrine avec leur sœur ?

   ☒ Ils se disputent.

EXERCICE 3

Vous avez des problèmes pour lire correctement le journal ? Les lettres ne sont plus très claires ? Vous avez besoin de changer de lunettes ? Il vous faut une nouvelle paire de lunettes de soleil ? Vous voulez faire un test pour la vue ? Alors, venez dans notre nouveau magasin Optic 5000 : de nombreux vendeurs sérieux et compétents sont là pour vous aider à choisir le bon produit. Ce sont les soldes : pour une paire de lunettes achetée, nous vous offrons la deuxième. À bientôt chez Optic 5000 !

1. Ce message s'adresse aux...

   ☒ clients.

2. Où êtes-vous quand vous entendez ce message ?

   Cadie dans rayon de supermarché.

3. Ce message parle des problèmes...

   ☒ de vue.

4. Qu'est-ce qui est en soldes ?

   Des lunettes jaunes.

5. Qu'est-ce qu'on peut faire dans le magasin ?

   ☒ Faire un test pour la vue.

6. Citez une des deux qualités des vendeurs chez Optic 5000 :

   Compétent, sérieux.

EXERCICE 4

Annonce dans un supermarché

Nous sommes au rayon papeterie et ce sont les soldes : nous avons des prix très intéressants sur le matériel scolaire. Par exemple, le paquet de 400 feuilles pour 3,50 € ou bien le lot de 5 cahiers, grand format pour le prix de 3. Venez voir nos nouveaux agendas de toutes les tailles et de toutes les couleurs. Allez aussi au rayon du mobilier ! Pour votre chambre, nous avons de super chaises colorées, vertes, bleues et roses avec le bureau pour 99 €. Achetez dès maintenant votre nouveau matériel pour la rentrée scolaire.

1. Qu'est-ce qu'on peut acheter ? *(3 réponses possibles)*

   Cahiers, agenda avec crayon, feuilles quadrillées.

2. Les feuilles se vendent par…

   ☒ 400.

3. Les cahiers ont…

   ☒ un grand format.

4. De quelles couleurs sont les agendas ?

   De toutes les couleurs.

5. De quelles couleurs sont les chaises de bureau ?

   ☒ roses, bleues et vertes.

2 Compréhension des écrits

EXERCICE 1

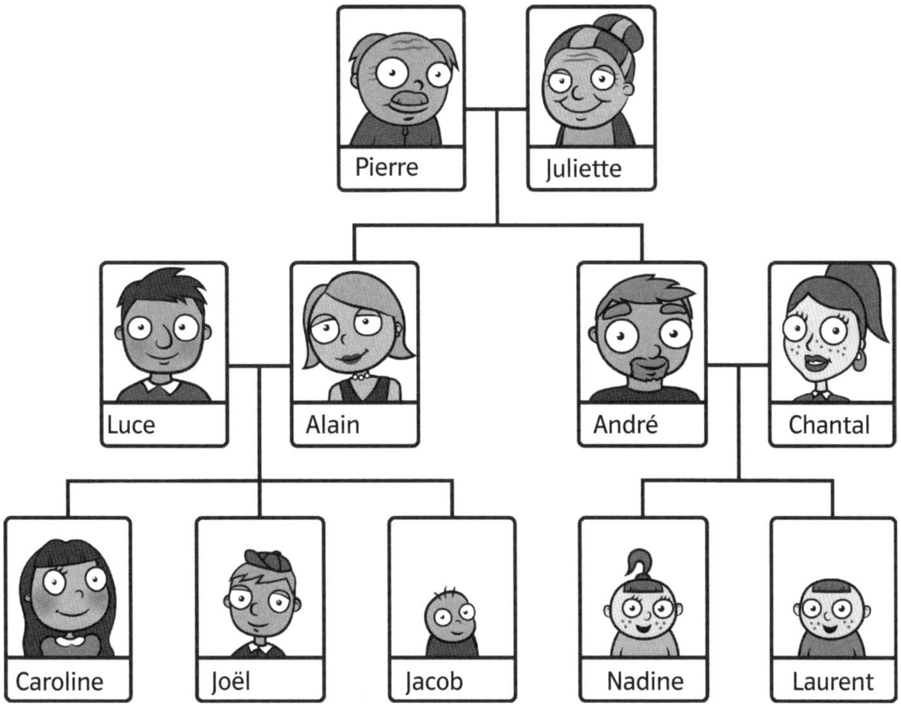

EXERCICE 2

1. En quelle année l'OFAJ a-t-il été fondé ?

   En 1963.

2. L'OFAJ est un organisme…

   franco-allemand. (Main française et main allemand se croisent.)

3. L'objectif de l'OFAJ est…

   ☒ de développer les rencontres entre les jeunes Français et les jeunes Allemands.

4. Combien d'échanges scolaires l'OFAJ aide-t-il tous les ans ?

   10 000.

5. Citez deux projets organisés par l'OFAJ en 2013 :

   Conférences , pièces de théâtre, concerts, expositions, rencontres, tournois sportifs.

EXERCICE 3

❶ De quelle sorte de travail parle le document ?

☒ D'aide humanitaire.

❷ Vrai ou faux ? Cochez la case correspondante (☒) et recopiez la phrase ou la partie du texte qui justifie votre réponse.

	Vrai	Faux
En cas de crise, Médecins sans frontières apporte uniquement des médicaments. **Justification :** « Différents types de soins. »		☒
Le traitement médical varie d'un pays à un autre. **Justification :** « Dépend de l'évaluation des équipes des conséquences de la crise sur la population. »		☒

❸ En cas de crise, MSF s'occupe aussi…

☒ du logement, de la nourriture et de l'eau potable.

EXERCICE 4

❶ Ce document est…

☒ une publicité.

❷ Ce document s'adresse à…

☒ des apprenants de français.

❸ Vrai ou faux ? Cochez la case correspondante (☒) et recopiez la phrase ou la partie du texte qui justifie votre réponse.

	Vrai	Faux
On propose de découvrir l'Atlas en train. **Justification :** « Randonnées à cheval dans l'Atlas. »		☒
On peut faire du bateau en Guadeloupe. **Justification :** « Tour de l'île en bateau. »	☒	
On peut visiter la Réunion à pied. **Justification :** « Randonnées dans les volcans. »	☒	

❹ Quand se termine l'inscription pour les offres proposées ?

Le 17 juillet.

3 Production écrite

EXERCICE 1

Nous avons une journée « portes ouvertes » à notre école et je veux organiser une campagne avec mes copains et copines pour améliorer l'atmosphère à notre école. Nous voulons faire un concert avec l'orchestre de l'école. On peut danser et s'amuser. On va aussi organiser une tombola où on peut gagner des prix. L'argent est pour l'école. En plus on va organiser des jeux sportifs et des compétitions. On va vendre des boissons et des snacks. Nous attendons beaucoup de visiteurs pour avoir une journée super.
(87 mots)

EXERCICE 2

Salut Simon,
c'est une super idée, je trouve, en plus, l'Europe est un thème important et intéressant. Mon collège a 800 élèves et 20 classes. On a 53 professeurs. En Allemagne, dès fois, on a cours le mercredi après-midi. On ne travaille pas comme en France, on finit plus tôt, on a moins de devoirs et on fait des activités, par exemple du sport ou de la musique.
J'espère que je pouvais t'aider.
À bientôt,
(75 mots)

4 Production orale

1 ENTRETIEN DIRIGÉ

Bonjour, je m'appelle Madeleine, j'ai 13 ans, j'habite à Dresde avec mes parents et mon frère. Je suis élève au lycée, j'adore l'histoire et la géographie, je lis beaucoup et je préfère les romans d'histoire. Dans mon temps libre, je fais aussi du jogging, je vais souvent courir avec mon père dans le parc. Mon frère préfère danser, il est danseur professionnel, il a 18 ans. Mon père et ma mère ont un magasin de chaussures, ils travaillent beaucoup mais le week-end, nous allons toujours voir les spectacles de mon frère. Nous n'avons pas de chiens et de chats mais un poisson rouge. Il s'appelle Bulle. Son aquarium est dans ma chambre !

2 MONOLOGUE SUIVI

Sujet 1 : Logement

J'habite dans un petit appartement dans un grand immeuble au centre-ville de Berlin. L'immeuble est un peu vieux mais l'appartement est joli. Il y a 7 pièces, le salon et la cuisine, notre salle de bain, le bureau de mes parents, la chambre de ma petite sœur, la chambre de mes parents et ma chambre. Ma pièce préférée est la cuisine, j'y passe beaucoup de temps parce que j'aime beaucoup cuisiner. Personne ne sait cuisiner dans ma famille alors je fais souvent la cuisine pour ma famille dans cette cuisine.

Sujet 2 : Rester en bonne santé

Pour être en bonne santé, je bois du jus de fruits tous les matins parce qu'il y a beaucoup de vitamines. Je mange aussi beaucoup de fruits et de légumes et je ne mange pas beaucoup de chocolat. Je fais du sport à l'école une fois par semaine. Pendant mon temps libre, j'aime faire des promenades. Pour aller à l'école, je prends mon vélo. En hiver, je fais du ski et en été, je vais à la piscine. Avec mes parents, je fais des randonnées en montagne. Le week-end, je dors beaucoup.

3 EXERCICE EN INTERACTION

Sujet 1 : Une fête à l'école

Locuteur A (examinateur)	Locuteur B (élève)
– Salut Paul, tu as une idée pour le spectacle de la fête de l'école ?	– Qu'est-ce que tu penses d'un spectacle musical ?
– Oui, pourquoi pas ! Tu as déjà des idées ?	– Oui, qu'est-ce que tu penses de prendre une chanson célèbre et de changer les paroles ?
– Oui, pourquoi pas ! Et on parle de la classe de cette année ?	– Oui, comme ça, tout le monde peut chanter. On peut aussi parler de nos profs, et dire des trucs drôles !
– Oui, mais il faut rester gentils. Parce que tout le monde va écouter ! Même le directeur !	– Oui, bien sûr ! Alors, tu viens à la maison samedi et on commence à écrire un texte pour la chanson ?
– Oui, très bonne idée ! Je viens chez toi à quelle heure ?	– Tu peux venir à partir de 10 heures. D'accord ?
– Oui, c'est parfait. Alors, à samedi ! Salut.	– À samedi, salut !

Sujet 2 : La SNCF

Locuteur A (élève)	Locuteur B (examinateur)
	– Bonjour. Est-ce que je peux vous aider ?
– Bonjour, Madame / Monsieur. Oui, je voudrais aller en Bretagne en train. A Lorient exactement.	– Vous pouvez prendre le TGV, ce train va jusqu'à Lorient.
– Et combien coûte le billet de TGV, Madame / Monsieur ?	– L'aller simple fait 45 euros. Vous restez à Lorient ?
– Non, je reviens à Paris dimanche soir.	– Alors, un aller-retour Paris-Lorient, ça fait 90 euros, au tarif normal en deuxième classe.
– Mais je suis collégien(ne). J'ai seulement 15 ans. Est-ce qu'il n'y a pas un tarif spécial ?	– Bien sûr. Pour les jeunes, c'est seulement 60 euros. Mais n'oubliez pas votre carte d'identité.
– Si je pars vendredi matin, le TGV est à quelle heure ?	– Vous pouvez partir à 6 h 19 et arriver à 12 h 28. Bien sûr, vous pouvez partir plus tard, mais...
– Non, non, c'est très bien, merci. Est-ce que vous pouvez me dire aussi le numéro du quai, s'il vous plaît ?	– Le TGV pour Nantes et Brest part du quai numéro 2.
– Et pour revenir à Paris dimanche, vers 8 h du soir, quand est-ce que je dois partir de Lorient ?	– Vous avez un TGV à 16 h 22 qui arrive à 20 h 05.
– C'est parfait. Merci beaucoup, Madame / Monsieur. Au revoir.	– Au revoir et bon voyage !

1 Compréhension de l'oral

EXERCICE 1

Noah Où vous allez cet été, Fanny ?
Fanny On n'a pas décidé, peut-être au Portugal, à Lisbonne, c'est une ville magnifique.
Noah Tu crois que les enfants vont aimer cette ville ?
Fanny Eh non, c'est vraiment un problème. Ils préfèrent la mer et ils veulent nager.
Noah Tu sais, les parents de Juliette arrivent d'Espagne. Ils y sont restés trois semaines.
Fanny Ah bon ?
Noah Oui, ils ont loué une grande maison sur une plage où on ne trouve pas beaucoup de touristes, mais la nature.
Fanny C'est sûrement cher !
Noah Pas du tout. Nous, on va louer une maison au mois de septembre, c'est moins cher que l'hôtel et c'est très confortable. Et en plus nous n'aimons pas le camping. Venez avec nous. Il y a assez de place pour deux familles et l'Espagne c'est super.
Fanny C'est une bonne idée, Noah. Mais, est-ce qu'il faut apporter quelque chose pour la maison ?
Noah Rien, tu as juste besoin de ta valise.
Fanny On prend l'avion ?
Noah Non, on prend la voiture.
Fanny Oh là, là, c'est un long voyage !
Noah Oui, mais c'est moins cher et quand il fait beau, le voyage est agréable. Et les enfants ont des lecteurs de DVD portables et peuvent regarder des films pendant le voyage. Comme ça, le temps va passer plus vite.

1. Dans cet extrait il s'agit des vacances...

   ☒ en Espagne.

2. Les enfants n'aiment pas...

   ☒ visiter une ville, ils préfèrent la plage.

3. Noah compare la voiture à l'avion :

   ☒ c'est moins cher et plus pratique.

EXERCICE 2

Nadine Dis-moi, Coralie, on est en troisième et c'est déjà le mois de juin et je ne sais toujours pas ce que je vais faire comme métier... Tu as une idée de ton avenir, toi ?

Coralie Moi ? Oh, oui ! Je vais être professeur des écoles.

Nadine Avec les petits ? Mais c'est un travail très fatigant et pas très bien payé, non ?

Coralie Je trouve pas, non. D'abord, il faut beaucoup aimer les enfants, bien sûr, mais j'ai de l'expérience avec mes quatre petits frères et sœurs. Je les adore !

Nadine Tu as de la chance. Moi, je suis la plus jeune et j'ai seulement un grand frère... J'ai été baby-sitter chez ma voisine, tu sais : mais ça ne me plaît pas, parce que je ne suis pas très patiente.

Coralie Et puis, pense à toutes les vacances scolaires, Nadine !

Nadine Ah ! Tu parles ! Ma cousine est prof d'anglais et elle passe la moitié de son temps libre à faire des préparations et à corriger les devoirs de ses élèves !

Coralie Mais si elle organise mieux son travail, elle va sûrement trouver plus de temps pour ses loisirs. Elle a quel âge ?

Nadine Vingt-cinq ans. C'est la fin de sa deuxième année et elle cherche déjà un autre travail.

Coralie Le début est toujours difficile. Je suis sûre qu'elle va s'habituer à son travail et dans vingt ans, tu vas voir : elle sera très contente d'être prof.

Nadine Je l'espère pour elle mais ce n'est pas vraiment un métier pour moi, en tout cas.

1. Nadine et Coralie sont en classe de...

   ☒ troisième.

2. Plus tard, Coralie veut devenir professeur...

   ☒ des écoles.

3. La famille de Coralie est sur quelle photo ?

   La famille en personnages simplifiés.

4. La cousine de Nadine travaille depuis...

   ☒ deux ans.

EXERCICE 3

Dialogue

La mère de Juliette Bonjour, Juliette. Ta journée au collège s'est bien passée ?

Juliette Bof !

La mère de Juliette Je viens de téléphoner à ma tante Marie, ils ont acheté une maison de vacances à la montagne.

Juliette Génial ! Raconte-moi, comment elle est ?

La mère de Juliette Il y a un étage. Au rez-de-chaussée, il y a une grande salle à manger et une cuisine et des toilettes. À l'étage, il y a trois chambres et une grande salle de bains.

Juliette Est-ce qu'il y a un jardin ?

La mère de Juliette Oui, un jardin de 1000 m² avec une piscine. Nous sommes invités en août deux semaines pour les vacances d'été.

Juliette Super cool ! Il faut que je raconte ça à Julie !

1. Comment va Juliette ?

   Bof (le smiley vert qui grimace).

2. Qu'est-ce que la tante de Juliette a acheté ?

   Le chalet en montagne.

3. Où est le nouveau logement de la tante de Juliette ?

   ☒ À la montagne.

4. Quelle taille a le jardin ?

   ☒ 1 000 m^2.

5. Qu'est-ce qu'il y a dans le jardin ?

   Balançoire et toboggan.

EXERCICE 4

Coucou, c'est Emmanuelle, ça va ? J'ai une super bonne nouvelle ! Le prof de français, qui s'occupe aussi du club cinéma, organise un séjour de trois jours à Cannes pour le festival du film. On part vendredi après-midi, on prend d'abord un train jusqu'à Marseille, puis un car jusqu'à Cannes. On dort à l'auberge de jeunesse. Le samedi matin, on peut faire des interviews avec Audrey Tautou, l'actrice d'Amélie Poulain et Omar Sy, l'acteur d'Intouchables. L'après-midi, on aura une visite des locaux du festival. Le soir, on est invité à regarder deux films de la sélection du festival. Dimanche matin, on va discuter des deux films avec les réalisateurs. On part à 15 h 00. Et tu sais quoi ? Mon prof est d'accord pour que tu viennes avec nous, c'est génial, non ? Le voyage coûte 150 € par personne. Alors, appelle-moi vite pour que je te réserve une place. Salut !

1. Emmanuelle propose d'aller…

   ☒ au festival de Cannes.

2. Pour le voyage, il faut prendre…

   le train.

3. Pendant le séjour, les élèves vont dormir…

   ☒ à l'auberge de jeunesse.

4. Le samedi, les élèves vont interviewer…

   ☒ les acteurs.

5. Combien de films les élèves vont-ils voir ?

   Deux.

6. Combien chaque élève doit-il payer pour le voyage ?

   150€.

2 Compréhension des écrits

EXERCICE 1

	Image n° :
Il les mange à la bolognaise ou avec une sauce aux champignons.	2
Ma mère l'achète tous les jours chez le boulanger.	1
Elle les mange à chaque repas : avec les céréales le matin, sur le pain le soir.	5
On les trouve chez le marchand de légumes.	3
Elle adore les boire, surtout l'été.	4

EXERCICE 2

1. De quoi parle ce texte ?

   ☒ Des choix professionnels des hommes et des femmes.

2. Pour certains métiers, certaines femmes…

   ☒ se dévalorisent elles-mêmes.

3. Citez deux compétences qui caractérisent souvent les femmes pour les métiers techniques.

   La précision et le sens de l'organisation.

4. Vrai ou faux ? Cochez la case correspondante (☒) et recopiez la phrase ou la partie du texte qui justifie votre réponse.

	Vrai	Faux
Tout comme les femmes, les hommes savent avoir le sens du contact. **Justification :** « Les hommes peuvent (…) développer les compétences nécessaires pour faire des professions qui mettent l'accent sur les contracts humains. »	☒	
Les hommes avec des professions féminines ne s'intègrent pas dans leur environnement professionnel. **Justification :** « Les hommes qui s'engagent dans des professions traditionnellement, féminines sont très bien acceptés par leurs collègues. »		☒

EXERCICE 3

1 De quelle sorte de sport parle ce texte ?

☒ Du sport de combat.

2 Vrai ou faux ? Cochez la case correspondante (☒) et recopiez la phrase ou la partie du texte qui justifie votre réponse.

	Vrai	Faux
Le judo est un sport asiatique. **Justification :** « Le mot japonais judo (…) »	☒	
Les jeunes qui font du judo sont très violents. **Justification :** « Ils n'agressent pas les autres, ils s'appellent les judokas. »		☒
Un bon judoka a beaucoup de force. **Justification :** « On juge les judokas sur leur valeur physique et leur valeur morale. »		☒

3 Il y a les principes suivants qui caractérisent les jeunes combattants…

☒ la rapidité et la souplesse corporelle.

EXERCICE 4

1 Qu'est-ce que la petite otarie a fait, près de Los Angeles ?

☒ Elle est sortie de l'eau et après elle est allée se promener en ville.

2 Vrai ou faux ? Cochez la case correspondante (☒) et recopiez la phrase ou la partie du texte qui justifie votre réponse.

	Vrai	Faux
Les automobilistes n'ont pas voulu laisser la petite otarie traverser la route. **Justification :** « Elle a traversé deux routes à grande circulation [et elle a ouvert une petite porte]. »		☒

3 Qu'est-ce que la petite otarie a utilisé pour entrer dans le jardin ?

Le portail de jardin.

4 Pourquoi est-ce que beaucoup de petites otaries quittent la mer, dans la région de Los Angeles ? *(deux explications)*

Il y a un courant marin chaud. / Il n'y a pas assez de poissons à manger.

3 Production écrite

EXERCICE 1

Salut,
Samedi, on est partis en voiture. D'abord, des travaux ont bloqué l'autoroute pendant une heure. Après, papa a pris une route tranquille et pendant 5 km on a suivi des moutons qui ne voulaient pas partir. Papa a voulu suivre une route plus petite mais c'était interdit de passer. Et dimanche soir, on a eu un contrôle de police et une panne pour finir. Quelle aventure ce voyage !
Martin(a)
(71 mots)

EXERCICE 2

Salut Sabine,
Merci pour ton message ! Je mange de tout ! Je n'ai pas d'allergies alimentaires, mais il y a une chose que je n'aime pas trop, c'est le fromage. Je sais que c'est compliqué en France parce qu'il y a beaucoup de fromages différents ! Je pourrais goûter quand je serais chez toi.
Je voudrais apporter quelques spécialités de chez moi : des saucisses séchées et de la moutarde sucrée. D'accord ?
Bises,
Martin(a)
(76 mots)

4 Production orale

1 ENTRETIEN DIRIGÉ

Bonjour, je m'appelle Madeleine, j'ai 13 ans, j'habite à Dresde avec mes parents et mon frère. Je suis élève au lycée, j'adore l'histoire et la géographie, je lis beaucoup et je préfère les romans d'histoire. Dans mon temps libre, je fais aussi du jogging, je vais souvent courir avec mon père dans le parc. Mon frère préfère danser, il est danseur professionnel, il a 18 ans. Mon père et ma mère ont un magasin de chaussures, ils travaillent beaucoup mais le week-end, nous allons toujours voir les spectacles de mon frère. Nous n'avons pas de chiens et de chats mais un poisson rouge. Il s'appelle Bulle. Son aquarium est dans ma chambre !

2 MONOLOGUE SUIVI

Sujet 1 : Habitudes alimentaires

Le plus souvent, je mange à la maison. Mais parfois, avec mes copains, on va manger au Mac Do. Je mange un hamburger avec des frites et je bois un coca. Je sais que ce n'est pas de bonne qualité, mais j'aime bien ça ! Et puis, c'est seulement de temps en temps.
À la maison, j'aime bien aider ma mère à préparer le repas. Je dois couper les légumes ou bien préparer la sauce. Je sais préparer les spaghettis bolognaise tout(e) seul(e) !

Sujet 2 : Sortir avec des amis

Je vais souvent au café avec mes ami(e)s. Nous nous rencontrons en ville, comme ça, nous sommes tranquilles pour discuter. Nous ne dépensons pas beaucoup d'argent, mais les serveurs sont sympas et ils nous laissent rester assez longtemps, parce que nous sommes calmes : nous prenons une seule boisson et nous gardons notre verre ou notre tasse pendant une heure ! En plus, nous nous installons toujours à la terrasse ou à la fenêtre du café, à une table où on peut regarder les gens qui passent sur le trottoir. En général, nous buvons une limonade ou un jus de fruits, mais l'hiver mes copains / copines préfèrent un chocolat chaud ou un café au lait. Moi, je suis un(e) fan du thé à la menthe, été comme hiver. Mais, moi, je n'aime pas les plats ou les sandwichs à manger dans la rue. Je préfère être assis pour manger !

3 EXERCICE EN INTERACTION

Sujet 1 : À la poste en France

Locuteur A (élève)	Locuteur B (examinateur)
– Bonjour, Monsieur, je voudrais envoyer un paquet en Allemagne.	– Bonjour, Mademoiselle. Oui, pas de problème. Vous voulez acheter un paquet de la poste ?
– Non, merci. J'ai déjà mis les produits dans un petit carton. Et j'ai fermé ce carton.	– Très bien. Vous voulez un tarif rapide ou un tarif normal ?
– Euh… Vous pouvez m'expliquer la différence, s'il vous plaît ?	– Alors, le tarif rapide coûte plus cher, mais votre colis arrivera demain. Le tarif normal coûte moins cher, mais votre paquet arrivera dans 3 ou 4 jours.
– Alors je préfère le tarif moins cher. Je n'ai pas beaucoup d'argent !	– Je comprends. Alors, vous devez noter l'adresse du paquet ici et votre nom avec votre adresse en France ici.
– Monsieur, j'ai encore une question. C'est possible de voir où se trouve le paquet sur Internet ?	– Oui, tout à fait. Après le paiement, votre paquet va recevoir un code. Avec ce code, vous pouvez aller sur le site de la poste et savoir où se trouve le paquet.
– Ah d'accord, merci. Je vous dois combien ?	– Alors je pèse le colis… Cela vous fait 4,45 €, Mademoiselle.
– Voilà. Merci, Monsieur. Bonne journée !	– Merci à vous, bonne journée également !

Sujet 2 : Cours de français pendant les vacances

Locuteur A (examinateur)	Locuteur B (élève)
– Bonjour.	– Bonjour. Je voudrais des informations sur les stages de français pendant les vacances d'avril, s'il vous plaît.
– Pour combien de temps ? Une ou deux semaines ?	– Pour une semaine. Je ne sais pas quel niveau je dois prendre. Je suis en quatrième.
– Ah oui, alors c'est le niveau A2. Tu as des problèmes où ?	– En grammaire, je ne comprends rien.
– Tu veux un cours particulier ou un cours en groupe?	– Je pense qu'un cours particulier, c'est mieux. Ça dure combien de temps et ça coûte combien ?
– C'est toi qui choisis : une heure de cours particulier coûte 30 euros. Tu veux combien d'heures par jour ?	– Je pense une heure par jour, c'est bien.
– De quelle heure à quelle heure ?	– De 10 h à 11 h, c'est possible ?
– Pas de problème, alors, à bientôt, au revoir.	– Merci, au revoir et bonne journée.